KB058430

메타인지 학습법

생각하는 부모가 생각하는 아이를 만든다

메타인지 학습법

생각하는 부모가
생각하는 아이를 만든다

리사 손 지음

21세기북스

자녀가 당신에게 요구하는 건
자신들을 있는 그대로 사랑해달라는 것이지
온 시간을 바쳐서 자신들의 잘잘못을 가려달라는 게 아니다

|

빌 아이어스
Bill Ayers

"엄마, 근데 이거 보통 일이 아니야!"

거울은 우리의 겉모습을 있는 그대로 비춰준다. 메타인지 *metacognition* 도 일종의 거울이다. 다만 외모가 아니라 '내가 안다고 믿는 것들을 다시 비춰주는 내면의 거울'이다. 이 거울은 나의 눈, 코, 입이 아니라 내가 누구인지, 무엇을 하고 싶은지, 무엇을 느끼는지 등 내면의 상태를 들여다보는 용도로 쓰인다. 일반 거울은 자신의 겉모습을 '있는 그대로' 비추지만 메타인지 거울은 종종 왜곡된 상태로 우리의 내면을 비춘다. 예를 들어 어떤 일을 시작함에 앞서 '난 자신이 없는데' '내가 할 수 없을 것 같은데'라는 생각이 들 때가 있다. 하지만 막상 시작해보면 걱정과 달리 수월하게 목표를 달성하게 된다. 메타인지 거울의 거짓말 즉, 착각 때문에 일어나는 현상이다.

근래 들어 '생각에 대한 생각^{thinking about thinking}, 인지에 대한 인지^{cognition about cognition}'로 설명되는 메타인지에 대한 관심이 매우 높다. 하지만 대부분은 메타인지의 본질보다 아이의 성적 올리는 비법으로만 관심을 보이는 듯하다. 실제로 강연을 하다 보면 "우리 아이도 메타인지를 키우면 공부를 잘할 수 있을까요? 메타인지는 어떻게 키우는 걸까요?"라는 식의 질문을 많이 받는다. 메타인지가 성적 상승에 중요한 역할을 할 수 없다면 굳이 그에 대해 알 필요도 없다고 생각하는 것이다.

학부모들의 이런 추측과 기대가 아예 틀린 것은 아니다. 아이가 '정직한 메타인지 거울'을 가지고 있으면 자신에게 맞는 효과적인 공부 방법들을 선택할 수 있기 때문이다. 아이가 학습을 하는 동안 자신이 '얼마나 이해했는지' 또 자신에게 그것이 '얼마나 어려운지' 등을 정판단할 수 있으면 '학습에 어느 정도의 시간을 더 투자해야 하는지' '어떤 도움을 받아야 할지' 등에 대한 결정도 내리는 것이 가능해진다.

문제는 '정확한' 메타인지 판단이 쉽지 않다는 것이다. 오죽하면 공자도 '부지지지^{不知之知, 모른다는 것을 아는 것이야말로 '참된 앎'이다}'라는 말로 '제대로 아는 것의 어려움'을 이야기했겠는가. 메타인지와 관련된 심리학 연구들도 '학습 성과' 자체가 아니라 메타인지를 활용한 판단이 어떤 경우에 부정확한지, 어떻게 하면 조금이라도 그 정확도를 높일 수 있을지를 파악하는 데 초점을 두고 진행돼왔다.

나는 수많은 심리학 연구들 중에서도 학습과 관련해 특히 중요하다고 여겨지는 실험들을 선별하여 이 책에 실었다. 앞으로도 효과적인 학습을 위한 메타인지 연구들은 계속 진행되겠지만 부모와 아이에게 도움이 될 만한 최신 실험 결과들을 최대한 반영하려고 노력했다. 개인적으로 내 아이들을 키우는 데 많은 영향을 준 실험들도 소개했다.

단, 이 연구 결과들을 맹신해 내가 우리 아이들에게 맹목적으로 그 데이터를 적용시켰을지도 모른다는 오해는 없길 바란다. 내 개인적인 연구와 다른 학자들의 연구 중 메타인지 발달에 중요하다고 여겨지는 부분을 선별하고, 내 아이들이 가진 고유의 기질과 호기심을 고려하여 적용시켰음을 독자들이 알아주면 좋겠다.

많은 부모가 메타인지를 키우면 아이가 '더 빨리 배울 것' '시험에서 100점을 맞을 것'이라는 수단-목적 프레임으로 메타인지를 바라본다. 하지만 메타인지의 진짜 목적은 '메타인지를 키우는 과정이 바로 배움의 과정'임을 깨닫도록 하는 것이다.

아이들에게는 반드시 '모르는 시기'가 있다. 아이 스스로 지식을 습득해 그 시기를 헤쳐나갈 수 있도록 도와주는 게 부모의 역할이다. 이 과정에서 아이가 모르는 것을 알려주고 싶고, 아이가 배워나가는 과정에 참견하고 싶은 부모의 욕심을 버리는 게 결코 쉽지 않다. 그럼에도 아이가 새로운 지식을 습득하는 데는 상상 이상으로 오랜 시간이 걸릴 수 있음을 인정하고, 아이 스스로 성취할 수 있도록 묵묵히 지켜봐주어야 한다.

말은 이렇게 하고 있지만 나 역시 매일 스스로를 돌아보고 또 반성한다. 아이를 기다려주는 부모가 되겠다고 마음먹은 지 오래지만, 최근에도 나는 유치원에 다니는 우리 아들이 '모르는 시기'를 지나고 있음을 망각했었다. 지난 겨울 스키장에서 있었던 일이다. 이제 막 스키를 배우기 시작한 아들이 속도를 줄이지 못하고 계속 넘어지는 모습을 본 나는 "기욱아, 멈추고 싶을 때는 무릎을 구부리고 발을 삼각형 모양으로 모으면 돼. 알았지?"라고 말했다. 엄마의 말을 듣고 제 나름대로 열심히 다리를 모으려 애를 쓰던 아들이 갑자기 멈춰서더니 나를 빤히 바라보며 이렇게 이야기했다. "근데 엄마, 이거 보통 일이 아니야."

순간 내가 또 아이를 기다려주지 못했음을 깨달았다. 다리를 삼각형 모양으로 만드는 건 쉬운 일이라 여겼던 '나의 인지 수준', 그리고 아이에게 스키를 멈추고 싶을 때는 어떤 행동을 취해야 할지 가르쳐줘야겠다는 '나의 생각'에만 집중한 결과 아들의 인지^{perspective}는 고려조차 못했던 것이다.

아이들이 무언가를 '처음으로 시작하는 것'은 정말이지 보통 일이 아니다. 나는 오늘도 내 올챙이 적 시절을 일깨워주는 그 말을 마음에 되새기고, 마음이 조급해질 때마다 아이에게 맞는 학습 속도가 있음을 떠올리며 아이 스스로 목표를 끝마칠 때까지 기다리려 노력한다. 어른으로선 상상하기도 힘든 긴 시간을 오롯이 혼자 배워나가야 하는 아이와 불안하고 답답한 그 시간을 묵묵히 버텨내야 하는 부모인 우리 모두에게 "그래, 보통 일이 아니지"라고 말해주는 건 어떨까?

마지막으로 강조하고 싶은 게 하나 있다. 아이가 아무리 아파도 부모가 대신 앓아줄 수 없듯 메타인지도 아이 스스로 발견하고 키워나가야 한다. 부모가 아이를 도와줄 수 있는 유일한 방법은 아이 스스로 메타인지를 사용할 수 있는 기회를 최대한 많이 허락하는 것 뿐이다.

마지막으로 평소 좋아하는 소설 『작은 아씨들 Little women』의 한 구절로 나의 심정을 대신하며 이 글을 마치려 한다.

"엄마가 되기 위한 나의 노력에 대해 내가 받을 수 있었던 가장 달콤한 보상은 내 아이들의 사랑, 존경 그리고 자신감이었습니다. 내 아이들도 나처럼 자신의 아이들에게 그렇게 할 수 있기를 바랍니다."

– 루이자 메이 올컷 Louisa May Alcott, 『작은 아씨들』 중에서

2019년 6월, 리사 손

chapter ❹

**토끼와 거북이
사이에서 적절한
균형점 잡기**

모든 학습은
메타인지로부터 시작된다

아장아장 걷던 게 엊그제 같은데 어느새 가방을 메고 등교 준비하는 아이의 뒷모습을 보면 부모는 여러 감정을 갖게 된다. 아이가 즐겁게 학교를 다녔으면 좋겠다는 바람과 함께 학교 진도는 잘 따라갈 수 있을지, 혹 학업에 뒤처지지는 않을지 걱정스럽다.

이른 공부는 시키고 싶지 않다며 아이를 자유롭게 키우던 부모도 '초등학교 입학'이라는 문턱 앞에서는 입장이 달라질 수밖에 없다. 부모는 당연히 '학부모'로서 학업에 관심을 갖기 시작하고 아이에게 효과적인 학습 방법을 가르쳐주고 싶어 한다. 나 역시 초등학생 남매를 두었기에 이와 같은 부모의 마음을 충분히 이해할 수 있다.

어떤 사람들은 내가 미국에서 성장했기 때문에 학업에 대한 스트레스가 적고 한국의 특수한 교육 문화를 이해하지 못할 거라고 생각하는데 사실은 그렇지 않다. 나 역시 한국 아이들과 비슷한 경험을 많이 했다. 이해가 쉽도록 내가 겪은 상징적인 경험을 세 가지 에피소드로 압축해보았다.

첫 번째 에피소드. 내가 유치원생이었던 시절, 하루는 선생님께서 각자 좋아하는 책 한 권을 서로에게 소개하는 시간을 갖자고 말씀하셨다. 집으로 돌아온 나는 평소 좋아하던 책을 자신 있게 선택한 후 신나고 들뜬 마음으로 발표일을 기다렸다. 그런데 발표 당일, 하늘 높은 줄 몰랐던 내 자신감은 점점 바닥으로 떨어졌다. 친구들은 나로서는 도저히 읽을 수도, 이해할 수도 없는 수준 높은 책들을 소개했기 때문이다. 나름 자신감에 넘쳤지만 내가 골라온 책은 '어린이용'이 아닌 '유아용'이었던 것이다.

두 번째 에피소드. 초등학교 시절의 이야기다. 어느 날 선생님께서 풍자적인satire 문학 에세이를 작성해오라는 숙제를 내주셨다. 재미있겠다며 한껏 기대를 드러냈던 친구들과 달리 나는 그저 어리둥절할 뿐이었다. '풍자'라는 단어의 의미를 몰랐기에 숙제 자체를 이해할 수 없었고, 아무것도 모르는 나 자신이 부끄러웠다.

세 번째 에피소드. 언어와 문화가 낯설었지만 나는 학교생활과 수업에 충실하려 노력했고, 덕분에 6학년 때는 꽤 좋은 성적을 받을 수 있었다. 성적표를 받은 어느 날, 한 친구가 내게 '똑똑하다'는 칭찬을 해주었다. 내심 기분은 좋았지만 그 기쁨은 오래가지 못했다. 옆에서 우리의 대화를 듣고 있던 선생님께서 같은 학교에 다니고 있던 나의 친오빠를 칭찬했기 때문이다.

"리사가 공부를 잘하긴 하지만 우리 학교에서는 리사 오빠가 IQ 높기로 유명하지."

그 말을 듣기 전까지 나는 단 한 번도 내가 머리가 나쁘다거나 공부를 못한다고 여겼던 적이 없었다. 그런데 어쩐 일인지 선생님의 말을 듣는 순간 나 자신이 '바보'에 불과하다는 생각이 들었다. IQ가 높아 똑똑한 오빠와 달리 나는 흔히 말하는 '노력'이 필요한 사람이라 느껴졌고, 노력은 나처럼 IQ가 낮은 아이들이 하는 것이라 믿게 되었다.

아이의 자신감이 떨어지는 이유

위와 같은 세 가지 경험에 비추어볼 때 미국에서 내가 겪은 학습의 어려움은 한국 아이들이 직면하는 것과 세 가지 비슷한 면이 있다. 첫째는 다른 아이들과 자신을 비교하는 데서 비롯되는 문제라는 점이고 둘째는 이해 속도가 느리면 아이는 자신에게 문제가 있다고 생각한다는 점이다. 마지막으로 '노력이 필요하다'는 것은 다른 사람에 비해 능력이 부족해 뒤처지거나 머리가 나쁜 것을 증명하는 셈이라고 생각한다는 점이다. 이런 생각에 이른 아이들의 자신감은 쉽게 바닥으로 떨어진다. 그리고 이렇게 손상된 자신감을 되찾는 것은 생각보다 쉬운 일이 아니다.

스스로 좋아하는 일을 찾았다고 자부하고 사회적으로 어느 정도 성공했다고 평가받는 나조차도 자신감을 회복하기까진 오랜 시간이 걸렸다. 오죽하면 임신했을 당시 내가 가졌던 가장 큰 고민이자 화두가 '어떻게 해야 뱃속에 있는 아기를 자신감 있는 아이로 키울 수 있을까?'였겠는가. 내가 이런 이야기를 할 때마다 주변에서는 "미국 같은 좋은 환경에서, 그것도 성공한 부모 아래서 살아갈 아인데 무슨 걱정이야?"라고 되묻곤 했다.

하지만 자신감을 갖는 것과 성공을 한다는 것은 별개의 문제다. 많은 연구를 하면서, 그리고 한국에서 생활하면서 내가 깨닫게 된 한 가지 사실은 '성적과 자신감은 비례하지 않는다'는 것이다. 좋은 성적을 받는 길과 자신감을 키우는 길이 겹칠 수는 있지만 완전히 같지는 않기 때문이다.

그렇다면 자신감은 무엇으로 어떻게 키우는 것일까? 이 질문을 다음과 같이 바꿔보자. "아이들의 자신감이 떨어지는 이유는 무엇일까? 도대체 어떤 요인이 우리 아이들의 자신감을 훼손시키는 것일까?" 연구자인 나도 이에 대한 완벽한 답을 내리기는 힘들다. 그러나 메타인지연구를 보면 어느 정도 힌트는 얻을 수 있다.

메타인지는 사실 아주 먼 옛날부터 잘 알려진 인간의 기본적 능력 중 하나다. 고대 그리스 델포이 아폴로 신전 기둥에 새겨져 있던 그 유명한 신탁^{인간의 물음에 대한 신의 응답} '너 자신을 알라^{Know Thyself}', 이것이 바로 메타인지다.

추상적으로 설명하자면 메타인지는 자기가 자신을 아는 것, 그리고 이를 위해 자신의 생각을 들여다보는 것이다. 메타인지를 가장 쉽게 설명할 수 있는 또 다른 말은 '자기거울^{a reflection of the self}'이다. 자기의 모든 인지 과정을 그대로 보여주는 거울이 바로 메타인지인 셈이다. 한마디로 메타인지는 '자신의 기억, 느낌, 지각하는 모든 것을 완벽하게 판단할 수 있는 능력'이라 정의할 수 있다.

메타인지 전략의 핵심, 모니터링과 컨트롤 능력

메타인지라는 개념은 오래 전부터 존재했지만 메타인지 분야에 대한 연구는 아직은 초기 단계라 할 수 있다. 인간의 인지^{cognition}는 몇 백 년에 걸쳐 수많은 심리학자에 의해 연구된 분야지만 특정 몇몇 분야에만 연구가 집중되어온 것도 사실이다. 과거에는 감각, 지각, 학습, 기억, 언어 등 인지 분야를 구성하는 요소 각각에 대한 연구가 주를 이뤘고 메타인지 연구에 대한 중요성은 1950~1970년 사이에 대두됐다. 메타인지 과학이라는 분야가 본격적으로 탄생한 것은 1980년대에 이르러서다.

일반적으로 사람들에게 메타인지는 '상위 1퍼센트의 공부법'이나 '공부 잘하는 법'으로 알려져 있다. 메타인지와 밀접한 관련이 있는 분야가 바로 '학습^{learning}'이기 때문이다. 상황이 이렇다 보니 인지와 메타인지를 구분하지 않고 사용하는 경우가 많다.

하지만 앞서 말한 것처럼 인지는 감각, 지각, 학습, 기억, 언어 등을 뜻하고, 메타인지는 자신이 무엇을 알고 무엇을 모르는지 파악하는 것이다. 때문에 메타인지는 학생에게 아주 중요한 능력일 수밖에 없다. 다음의 예를 살펴보자.

한 아이가 영어와 수학 두 과목의 시험을 앞두고 있다. 시험까지 남은 기간은 일주일이다. 아이는 본격적인 공부에 앞서 학습 계획을 짜기 시작한다. 순간 아이는 자신이 수학보다 영어에 약하다는 것을 인지하고선 '영어가 수학보다 더 어려우니 일단 수학을 먼저 끝내고 남은 시간을 영어 공부에 집중해야지'라고 생각한다.

아이는 자신의 계획대로 서둘러 수학 공부를 끝낸 뒤 영어에 더 많은 시간을 할애한다. 영어를 공부하는 와중에도 아이는 끊임없이 '아까 그 단어는 다 외웠나?'라며 스스로에게 되묻는다. 몇 시간 후 아이는 '이제 완벽하게 외운 것 같으니 영어 공부를 그만해도 될 것 같아'라고 스스로 정리하며 시험 준비를 마친다.

너무도 자연스러워 보이는 흐름이지만 이 과정에서 아이는 이미 몇 가지 메타인지 전략을 사용하고 있다.

첫 번째, 스스로 평가하는 모니터링^{monitoring} 전략이다. 모니터링은 자신이 가지고 있는 지식의 질과 양에 대한 평가를 스스로 하는 과정이다. 위의 사례에서 아이는 영어와 수학이라는 두 가지 시험 과목을 비교한 후 스스로 '먼저 공부할 과목'을 정했다. 마치 거울을 보는 것처럼 본인이 영어에 비해 수학에 더 자신이 있다고 평가한 것이다.

두 번째, 컨트롤control 전략이다. 자신의 현재 상태를 모니터링한 후 아이는 영어보다 비교적 빨리 끝낼 수 있는 수학을 먼저 공부하기로 판단한다. 이러한 선택, 즉 모니터링을 기반으로 학습 방향을 설정하는 과정이 바로 컨트롤이다.

성공적인 학습을 위해서는 '모니터링'과 '컨트롤'이라는 두 가지 과정이 제대로 작동해야 한다. 이 둘 중 하나라도 제대로 기능하지 못한다면 학습은 실패할 가능성이 높다.

먼저 모니터링에 문제가 있을 경우엔 다음과 같은 상황이 발생한다. 스페인어는 유창하나 영어는 서툰 6학년 아이들을 가르쳤을 때의 일이다. 나는 아이들에게 영어 단어를 가르치기 위해 새로운 영단어가 포함된 문장들을 주고선 "한 시간 후 구두로 테스트를 할 테니 문장을 읽으면서 단어의 뜻을 잘 생각해봐"라고 지시했다.

나는 아이들에게 한 시간 정도는 필요할 것이라 예상했는데, 불과 1분 뒤 한 아이가 손을 번쩍 들더니 암기가 끝났다고 하는 게 아닌가. 약속대로 단어 테스트를 해보겠다고 하자 아이는 자신감 넘치는 모습으로 "네"라고 대답했다. 나는 아이에게 단어 하나를 제시하며 그 뜻을 물었다. 잠시 머뭇거리던 아이는 기억이 나지 않는다며 다시 공부해야 할 것 같다고 말했다. 나는 아이에게 "이 과제는 짧은 시간 내에 빨리 외울 수 있는 게 아니니 공부를 더 하렴"이라고 말했다.

사실 이는 아이의 잘못이 아니다. 자신이 무엇을 알고 무엇을 모르는지에 대한 판단을 정확하게 내리지 못해 일어난 해프닝일 뿐이다. 모니터링에서 이런 문제는 매우 빈번히 일어난다. 아이들(학생들)은 자신이 잘 모르고 있는 것도 스스로 알고 있다고 착각하는 경우가 많기 때문이다.

모니터링에서 문제가 생기면 당연히 컨트롤도 잘하지 못한다. 자신이 잘 안다고 착각해 공부를 너무 일찍 끝내버리는 경우가 있는가 하면 그와 반대되는 경우도 많다. 평소 암기력이 좋지 않거나, 자신감을 잃어버린 아이들은 지나치게 오랜 시간 동안 공부하는 경향을 보인다. 이럴 경우의 문제는 아이가 집중하는 시간보다 멍때리는 시간이 많다는 것이다. 아이가 효과적으로 학습하길 원하는 부모라면 어릴 때부터 모니터링과 컨트롤 과정이 잘 기능할 수 있도록 발달시켜줘야 한다.

메타인지의 주체는 아이 자신

요약하자면 메타인지는 현재 나의 인지 상태를 모니터링하는 능력이다. 모니터링 능력을 발달시키기 위해서는 자신이 무엇을 '어려워하는지' 알아야 함과 동시에 '모를 수도 있다'는 사실을 인정해야 한다. 무언가를 모를 수 있다는 사실조차 인지하지 못한다면 모니터링과 컨트롤 능력을 제대로 키울 수 없다.

이토록 중요한 메타인지는 도대체 언제부터 발달되는 것일까? 놀

랍게도 아주 어린 아기에게도 메타인지 능력은 존재한다. 이와 관련된 한 심리학 실험을 보자.

실험자는 18개월 된 아기와 엄마 사이에 짧은 징검다리 하나를 놓아두었다. 이윽고 징검다리 건너편에서 엄마가 아기의 이름을 부른다. 엄마의 목소리를 들은 아기는 신이 나서 다리 앞으로 뛰어가지만 징검다리를 건널 용기가 없어 안절부절하며 엄마만 바라본다. 엄마는 아기에게 징검다리가 안전하다는 신호를 보내며 제 힘으로 건너올 것을 유도한다. 이때 아기들은 어떤 행동을 보일까? 신뢰하는 엄마의 신호를 믿고 용기를 내어 다리 위에 올라섰을까?

실험 결과 대부분의 아기는 징검다리를 건너는 대신 엄마에게 손을 뻗으며 도움을 요청했다. 아기들은 모니터링을 통해 현재 자신의 능력으로는 다리를 건너는 게 불가능하다고 판단하고, 컨트롤을 통해 엄마의 도움을 받는 게 낫다고 결정한 것이다. 18개월밖에 되지 않은 아기들도 엄마의 말보다 자신의 판단을 믿는다는 게 놀랍지 않은가? 이는 아주 간단한 실험이지만 아기의 메타인지 능력을 보여 주는 놀라운 결과라고 생각한다.

여기서 잠깐, 평균적으로 12개월 이후의 아기들도 걸을 수 있는데 연구자들이 18개월의 아기들을 선택한 이유는 무엇일까? 일명 걸음마라 불리는 직립보행을 연습하며 수많은 엉덩방아를 찧는 시기가 바로 18개월 무렵이기 때문이다. 만약 실험에 참가한 아기가 걷기에 실패한 경험이 없다면 어떤 현상이 벌어지겠는가. 스스로 다리를 건널 수 있다는 착각에 빠져 위험한 상황이 벌어질 수도 있다.

앞서 메타인지를 '자신의 거울'이라 설명한 바 있다. 하지만 우리의 인지 거울은 자기 자신을 '있는 그대로' 반영하는 보통 거울과 전혀 다르다. 메타인지는 다른 인지 능력과 마찬가지로 왜곡되거나 잘못 해석되기 쉬운 기술이다.

의식, 인식, 자기성찰 등 연구자들이 메타인지를 설명할 때 쓰는 단어들은 다소 추상적이라 정의가 어렵고, 각 개념과 관련된 논쟁도 많다. 하지만 메타인지가 배움의 기쁨과 만족감을 높이는 효율적 학습의 기반이 될 뿐 아니라 성공적인 학습 결과물을 만들어낸다는 점에 이의를 제기하는 이는 없다. 그렇다면 이토록 훌륭한 '메타인지 근육'을 발달시킬 수 있는 방법은 무엇일까?

일반적으로 몸의 근육을 키우는 상황을 생각해보자. 평소 운동과 담을 쌓고 살던 사람이 갑자기 근육을 키우겠노라며 무작정 강도 높은 운동을 시작하는 것은 매우 위험한 일이다. 근육으로 무장한 사람이 100킬로그램짜리 덤벨을 들고 운동하는 모습을 보고 자신도 100킬로그램짜리 덤벨을 들면 몸살만 날뿐 절대 근육을 만들 수 없다. 내 몸에 맞는 운동, 다시 말해 '자기 상태'에 맞는 운동이 필요하다.

메타인지도 마찬가지다. 메타인지를 키우려면 자기 자신의 상태를 스스로 판단하는 과정이 매우 중요하다. 성적 부진의 원인이 모니터링에 있는지, 컨트롤에 있는지 파악할 수 있는 주체는 부모가 아닌 아이 자신이다. 하지만 많은 부모가 자신의 아이를 잘 안다고 착각한다. 메타인지는 경험에 비례하는 것이 아님에도 아이에 비해 경험과 나이가 상대적으로 많다는 이유로 부모는 나이와 경험이 적은 이들의 인지능력을 과소평가한다. 이런 착각은 여러 부작용을 낳는데, 나는 우선 가장 큰 두 가지 문제를 살펴보려고 한다.

첫째, 앞서 이야기한 바와 같이 메타인지는 근육처럼 본인 스스로 키워야 하는 것이다. 하지만 많은 부모가 자녀의 메타인지 근육을 키워준다는 명목으로 아이의 인지를 자신들이 판단하고 결정한다. 아이가 자기 스스로 메타인지를 키울 수 있는 기회를 부모가 빼앗는 셈이다.

둘째, 부모는 '학습화된 세 가지 착각'으로 인해 자녀에게 잘못된 기대를 하는 경우가 많은데 이 역시 아이의 메타인지 발달을 저해하는 요인이다. 부모와 아이를 혼란으로 빠뜨리는 학습화된 세 가지 착각은 다음과 같다.

착각 1. 빠른 길이 좋다고 생각한다.
착각 2. 쉬운 길이 좋다고 생각한다.
착각 3. 실패 없는 길이 좋다고 생각한다.

이 세 가지 착각을 바로잡으면 아이와 부모의 자신감이 커짐은 물론 아이에 대한 부모의 믿음도 생겨나는 효과를 기대할 수 있다.

아이들이 '무언가를 배우는 것^{learning}'보다 '배우는 방법을 배우는 것^{learning to learn}'이 바로 메타인지의 기술이다. 흔히 메타인지를 단순히

'공부 잘하는 방법'으로 생각하는데 이는 큰 오해다. 메타인지는 평생 키워나가야 하는 것이며 학생보다 성인에게 더 필요한 능력이다. 취업, 결혼, 출산, 비즈니스, 집 구매 등 모든 큰 결정에는 용기가 필요하지 않던가. 인생을 살아가면서 직면하는 이런 문제들은 시험공부처럼 하나의 답으로 귀결되지 않는다. 그렇기 때문에 어린 시절부터 문제 해결법을 탐색할 수 있는 능력을 길러야 한다.

chapter 1

메타인지를 방해하는 첫 번째 착각,

빠른 길이
좋다고
생각한다

start

학습 속도가 빠른 아이는
똑똑하다?

"숙제를 끝내야 놀러 나갈 수 있어."

부모라면 누구나 한 번쯤 아이에게 해봤을 이야기다. 이 말이 무슨 문제가 되겠냐 싶겠지만, 아이들의 입장에서 생각해보면 이 말은 '숙제보다 더 재미있는 것을 하려면 숙제를 빨리 끝내야 한다'는 뜻으로 들린다. 숙제를 통한 학습이 그다지 매력적이지 않을 수 있음을 내포한 말이라는 의미다. 결국 아이들은 빨리 놀고 싶은 마음에 숙제를 건성으로 해치우고 마는데, 이런 과정이 반복되면 학습에 대한 집중력과 흥미가 떨어진다. 숙제는 완성도와 상관없이 '끝내기만 하면 되는 것'

이라 생각하기 때문이다.

　달리기 경주에서 승리하려면 결승선에 가장 빨리 도착해야 한다. 달리는 속도가 빠르면 경주에서 승리할 가능성이 높다. 속도 외의 다른 조건이나 상황이 직접적 평가 지표로 작용하지 않는다면 더욱 그렇다. 하지만 우리 인생은 이렇게 단순하지 않고 빠른 속도가 반드시 승리와 성공을 보장하지도 않는다.

　이것을 잘 보여주는 것이 〈토끼와 거북이〉라는 이솝 우화다. 속도로만 비교하면 토끼가 분명히 이긴 게 맞다. 하지만 우리는 이미 토끼가 경주에서 졌다는 사실을 안다. 도대체 그토록 빠른 토끼가 거북이에게 진 이유는 무엇일까?

　토끼와 거북이의 이야기를 학습에 대입해보자. 초등학교에 갓 입학한 아이가 처음으로 수학에서 덧셈의 개념을 배웠다고 치자. 덧셈이 익숙지 않은 아이는 천천히 오랜 고민을 통해 문제를 풀어나간다. 몇 개월의 시간이 흐르면 아이는 덧셈에 익숙해지고 처음에 비해 문제 풀이 속도가 빨라진다. 정답을 맞히는 확률도 점점 높아지면서 아이는 기분 좋은 성취감을 느낀다. 이 과정을 옆에서 지켜보는 엄마 또한 즐겁기는 마찬가지다. 아이의 빠른 학습 속도를 보며 가끔은 '우리 아이가 아주 똑똑하다'는 생각도 한다.

　문제는 덧셈, 뺄셈, 곱셈, 나눗셈 등 사칙연산이 등장하면서부터다. 다소 복잡하고 어려운 개념의 등장은 아이와 엄마 모두를 긴장시킨다. '문제를 빨리 풀어내는 속도전'이 중요했던 아이들은 긴 시간을 투자

해야 하는 풀이 과정을 특히 힘들어한다.

문제를 빨리 푸는 것은 학습에 있어 중요한 요소이긴 하지만 분명 학습의 첫 번째 목표는 아니다. 아이들이 마치 경주를 하듯 '속도'라는 목표에만 몰두한다면 '모든 문제는 똑같다'라는 착각에 빠질 수 있다. 모니터링에 문제가 생기는 것이다.

문제를 풀지 않고 기억에서 정답을 꺼내는 아이들

'모니터링에서 착각은 언제 일어날까?'라는 궁금증을 해결하기 위해 몇몇 연구자들이 이와 관련된 한 가지 실험을 진행했다. 우선 실험자는 피험자들에게 간단한 사칙연산 문제를 풀게 했다. 실험자들은 피험자들에게 똑같은 덧셈 문제($23+45$)를 반복적으로 제시했는데 같은 문제를 연속으로 받아든 피험자들은 어느 순간부터 특별한 계산 없이 기억에 의지해 빠르게 답을 적어 내려갔다. 피험자들이 덧셈 패턴을 어느 정도 익혔을 무렵 실험자들은 덧셈 문제 중간 중간에 곱셈 문제(23×45)를 제시하기도 했다.

실험 결과, 흥미롭게도 참가자들은 반복적인 덧셈 문제를 풀었을 때 더 많은 실수를 했다. 반복적인 덧셈 문제의 오답이 곱셈보다 많았다는 이야기다. 이는 문제를 기억하고 있는 경우 그것을 풀려고 노력하기보다는 습관처럼 머릿속에 자리 잡은 익숙한 정보를 꺼내려 하기 때문에 일어난 현상이다. 우리가 '정답을 알고 있다'는 착각을 하는 이

유도 이와 비슷하다. 문제를 자세히 보지 않고 문제의 큰 특징만 파악한다. 문제를 빨리 풀겠다는 목표만 가지면 정답을 몰라도 이미 답을 알고 있다는 메타인지 착각이 발생할 수 있는 것이다.

많은 아이가 '모니터링 실수'를 반복한다. 주어진 문제를 파악하고 출제 의도를 이해하려는 노력보다 일단 눈에 들어오는 특정 부분을 보고 '아, 이거 너무 쉽잖아. 지난번에도 해본 것 같은데'라는 식으로 성급한 판단을 하는 것이다. 이렇게 되면 컨트롤에도 문제가 생긴다. 수학 문제를 '풀기'보다는 기억 속에 저장된 단서(정답)를 꺼내는 방법을 선택하기 때문이다.

정리하자면, 모니터링 실수는 아이들의 인지 능력에 문제가 있어서 발생하는 것이 아니다. 사칙연산을 못해서 수학 문제를 틀리는 게 아니라 잘못된 단서에서 비롯된 자신감을 바탕으로 한 메타인지 착각 때문에 실수를 범하는 것이다.

"엄마가 제일 잘 안단다"
자기과신의 함정

"엄마 말 들어."

이 역시 부모가 아이에게 자주 쓰는 말 중 하나다. 아이들에 비해 절대적으로 살아온 시간이 많은, 그래서 다양한 연륜과 경험이 쌓일 수밖에 없는 부모는 인생 선배이자 전문가임이 분명하다. 하지만 메타 인지 연구를 보면 꼭 전문가라고 해서 항상 옳은 선택을 하는 것은 아님을 알 수 있다.

이런 경우를 생각해보자. 당신은 지금 위급한 상황에 처해 급하게 병원을 찾았다. 병원에는 다음과 같은 세 명의 의사가 있다. 당신이라면 어떤 의사를 선택하겠는가?

1. 의대를 바로 졸업한 의사
2. 20년 정도의 경험이 있는 의사
3. 40년 이상의 경험이 있는 의사

대개의 사람들은 경험이 많은 의사가 더 많은 지식을 가지고 있다고 판단, 그 의사에게 치료받는 것이 더 효과적일 것이라 생각한다. 위와 같은 조건이라면 아마도 대부분이 3번의 의사를 선택할 것이다. 실제로 의대를 막 졸업한 새내기 의사에게 진료받는 것을 꺼리는 이들이 얼마나 많은가.

그런데 의사들에게 같은 질문을 던진다면 그들은 어떤 선택을 하게 될까? 그들도 우리와 같은 생각을 하고 있을까? 외과 의사이자 유명 작가인 아툴 가완디 $^{Atul\ Gawande}$ 의 경험을 들여다보자.

어느 날 그에게 한쪽 다리에 봉와직염 $^{cellulitis,\ 급성\ 화농성\ 염증}$ 증상을 보이는 환자가 찾아왔다. 환자를 진찰한 가완디는 항생제를 투여하면 감염을 막을 것이라 생각했지만 웬일인지 자신의 판단에 확신이 서지 않았다. 그는 곧바로 다른 분야의 의사에게 이 환자의 조직검사를 의뢰했고, 전혀 예상치 못한 결과를 얻었다. 환자는 봉와직염이 아닌 괴사성근막염 $^{Necrotizing\ fasciitis}$ 을 앓고 있었던 것이다. 가완디는 모니터링을 통해 자신의 확신이 불완전하다고 판단했으며, 동료에게 조언을 구하는 컨트롤을 바탕으로 자칫 절단할 수도 있었던 환자의 다리를 살려냈다. 자신의 메타인지를 잘 활용한 결과다.

전문가들이라고 무조건 메타인지를 무시할 것이라는 단언은 할 수 없다. 다만 전문가들은 경험이 없는 사람들에 비해 자신감이 높고 더 빠른 의사결정을 내리기 때문에 잘못된 판단을 내릴 가능성도 그만큼 높다는 이야기를 하고 싶은 것이다. 다음의 실험을 보자.

잘못된 예측에 빠지는 사람들

경험이 많은 사람들과 경험이 적은 사람들이 정보를 습득한 후 보이는 자신감의 변화를 비교한 한 가지 실험이 있다. 실험자는 경험이 많은 임상심리학자전문가들과 경험이 적은 임상심리학자초보자들에게 다양한 환자의 정보를 제공했다. 피험자들은 새로운 정보를 받을 때마다 시험을 치름과 동시에 자신감에 대한 평가를 해야 했다.

그 결과 피험자들은 환자에 대한 많은 정보를 받았을 때 자신이 제시하는 정답에 대한 자신감도 올라가는 것으로 나타났다. 특히 경험이 많은 임상심리학자, 즉 전문가들의 점수가 큰 폭으로 증가했다. 메타인지에서는 이러한 현상을 '자기과신overconfidence'이라고 한다. 자기과신이란 '본인 스스로의 능력을 과신한 결과 잘못된 예측에 빠지는 것'으로 특히 전문가와 경영자에게서 두드러지게 나타난다. 아이를 자신의 마음대로 컨트롤할 수 있다고 착각하는 부모들에게서도 이러한 현상은 자주 보인다.

지식과 경험이 풍부하다해서 메타인지가 좋아지는 것은 아니다. 경험을 지나치게 신뢰하면 자신의 행동을 검토하는 과정이 줄어든다. 때문에 한 분야의 전문가가 될수록 이 점을 염두에 두며 자기과신에 빠지는 것을 경계해야 하는데 이는 부모도 마찬가지다. 자신의 경험을 아이에게 강요하는 것은 매우 바람직하지 않다.

"나는 이미 알고 있었거든?"
사후과잉확신편향의 오류

'개구리 올챙이 적 생각 못한다'라는 속담이 있다. 대부분의 부모가 개구리와 같다. 부모들은 자신이 수많은 시행착오를 통해 학습했던 과정은 쉽게 잊어버리는 것도 모자라 오히려 자신이 지식을 빨리 획득했었다는 착각에 빠진다. 아이들에게 스스로 학습할 시간을 주지 않고 부모 자신이 알고 있는 지식과 정보를 빠르게 전달하려 하는 것도 이 때문이다.

심리학에서 '사후과잉확신편향^{hindsight bias, 어떤 사건의 결과를 알고 난 후 마치 처음부터 그 일의 결과가 그렇게 나타날 것임을 알고 있었던 듯 생각하는 경향}'이라 칭하는 이 현상은 '나는 처음부터 이렇게 될 줄 알고 있었어'라는 말로 정리할 수 있다. 잘못된 메타인지의 또 다른 예이기도 하다.

이러한 편향을 가진 부모는 자신이 원래부터 모든 것을 알고 있었다고 혹은 알아야 한다고 착각한다. 아이가 자신처럼 모든 것을 능숙히 해내야 한다고 믿는다. 그렇기에 '내 머릿속에선 벌써 답이 떠올랐는데 우리 아이는 왜 이렇게 느리지?'라고 생각하는 것이다. 지식 습득 이전의 상태에 있던 자신을 돌아보지 못하고 이미 얻은 지식을 기반으로 과정과 결과를 생각하는 '편향의 오류'다.

사후과잉확신편향의 오류를 줄이기 위한 가장 좋은 방법 중 하나는 티칭teaching을 직접 경험해보는 것이다. 본인이 아는 것을 남에게 가르쳐 주는 과정은 사후과잉확신편향을 줄이는 데 확실히 많은 도움을 준다.

고등학생 시절 나는 아르바이트로 과외를 했었는데, 하루는 학생이 수학 문제를 하나 물어왔다.

"0.2와 −7.0 중 어느 것이 더 큰 수인가요?"

순간 나는 '어떻게 이걸 모를 수 있지?'라고 생각했다. 나 역시 사후과잉확신편향에 빠져 있던 탓이다. 하지만 이 경험을 통해 나는 문제를 처음 접해본 사람의 입장에서 생각해볼 기회를 가졌다.

고등학교 시절 경험한 '과외', 즉 티칭을 경험한 것은 내게 큰 행운이었다. 그전까진 뭔가를 한 번 배우고 나면 다시 공부할 필요가 없다고 생각했으나 이후 생각이 달라졌다. 또한 문제를 푸는 방법은 하나가 아니라는 것을 알았고, 여러 방법 중 가장 효과가 좋은 것은 무엇인지 계속 탐구할 필요가 있다는 사실도 깨달았다. 이 과정이 중요한 이유는 '모르는데도 안다고 착각할 수 있는 순간'들을 예방하게 해주기 때문이다. 내가 사후과잉확신편향을 조금이나마 줄였다면 그것은 아마도 다른 사람을 잘 가르치고 싶다는 욕심, 그리고 직접 가르치고 있는 경험 때문일 것이다.

무엇을 배우든 쉬운 과정은 없다

학습을 단순히 '경쟁 수단'이라 여기면 친구를 가르쳐볼 기회가 없어진다. 이는 메타인지를 기르는 가장 쉽고 훌륭한 방법을 포기하는 것과 같다. 하지만 이 생각에 동의하지 않는 이들이 많을 듯하다. 실제로 어린 시절 다른 아이를 도와주려는 내 모습을 의아하게 바라보는 친구들이 적지 않았다. 한 친구가 학습에 도움이 필요한 다른 친구를 외면해버리거나, 같은 반 친구의 필기노트와 숙제를 훔치는 누군가의 모습도 본 적이 있다. 친구들이 느리거나 실수를 많이 하면 자신이 앞서 나갈 것이라는 생각 때문에 그랬던 것일까?

이쯤에서 궁금하지 않을 수 없다. 도대체 무슨 이유로 어린 학생들이 학습을 경쟁이라고 인식하게 되었는지 말이다. 여러 원인이 있겠지만 아마 끊임없이 '비교'하는 부모의 영향이 가장 클 것이다. 자신의 어릴 적 학습 속도와 아이의 학습 속도를 비교하거나 아이의 성적을 아이 친구의 성적과 비교하는 부모는 느린 아이의 학습 속도를 이해

못할 가능성이 크다.

하지만 우리는 이미 알고 있다. 분야를 막론하고 무엇이든 처음 배우는 것은 느릴 수밖에 없고 어떤 것은 몇 년 혹은 몇 십 년이 걸릴 수도 있다는 사실을 말이다.

아이가 피아노를 배우는 상황을 생각해보자. 아이가 처음 음계를 외우고 건반을 배울 때는 '도대체 몇 년이나 배워야 제대로 한 곡을 칠 수 있을까?' 싶다. 배움이 느린 아이일수록 부모의 의구심은 더욱 커지고, '3개월이나 배웠는데도 도통 실력이 늘지를 않네? 우리 아이는 피아노에 소질이 없나 봐' 하는 식으로 아이의 학습 능력에 대해 성급한 판단을 내린다.

실망을 느낀 부모는 아이에게 필요한 학습의 시간을 줄이라고 요구한다. 아이의 학습 속도를 무시하고 배움에는 시간과 노력이 필요하다는 사실을 잊어버리는 모습 역시 사후과잉확신의 전형적인 예다. 더불어 이런 부모는 학습 속도를 기준으로 아이의 성취감을 판단하는 오류를 범하기 쉽다.

4

아이의 자신감을 위협하는
고정관념의 늪

　'다양성'에 있어서만큼은 한국보다 미국이 훨씬 개방적이고 수용적
인 게 사실이다. 자신과 다른 사람을 만나는 과정에서 즐거움을 느끼
는 것은 물론 타문화를 직·간접적으로 체험함으로써 새로운 통찰력도
얻는 등 다양성은 사람들에게 많은 이점을 준다.

　어린 시절, 내가 다녔던 학교에는 다양한 문화권에 속한 사람들이
각자 자신의 나라를 소개하고 음식과 문화를 공유하는 인터내셔널 데
이International Day라는 행사가 있었다. 나는 이 행사에 한국 음식을 만들어
서 가져갔는데 이때마다 주변 사람들은 요리법을 물어보며 흥미를 보

였다. 또 내가 한국에 돌아와서 만난 사람들은 미국 교포로서 내가 거쳐온 삶에 흥미를 가지며 어떻게 살아왔는지 물어보곤 한다. 나는 종종 '이렇게 새로운 친구들을 계속 만날 수 있다면 삶이 얼마나 재미있을까?'라는 상상에 빠진다. 이러한 만남 속에서 내가 가진 고유의 무언가를 남에게 보여주거나 가르쳐줄 때 큰 뿌듯함을 느끼기도 한다. 하지만 실제로 세상 모든 사람을 만나거나 안다는 것은 불가능한 일이다. 그리고 이러한 사실이 우리를 고정관념stereotype에 빠지게 만든다.

'여자는 수학에 약하다'는 속설은 거짓이다

어떤 종류의 고정관념을 가진다는 것은 특정 유형에 관한 범주를 만든다는 말과 같다. 예를 들어 어떤 아이가 작고 하얀 털을 가진 동물을 처음 본 후 이를 '강아지'라고 학습했다면 하얀 털을 가진 작은 고양이에 대해서도 '강아지'라고 반응할 것이다. 이러한 과정이 반복되면 범주화 과정도 빨라진다. 범주화는 개념 형성에 중요한 영향을 미치는데 이러한 범주화 전략은 뇌의 자동처리 방식(대상의 정보를 무의식적으로 판단하는 것)을 통해 고정관념으로 자리 잡는다. 때로는 한 번의 학습만으로도 고정관념의 범주가 정해지기도 한다. 아기가 '아빠'라는 단어를 배운 후 한동안 눈앞에 보이는 모든 남자를 '아빠'라고 부르는 경우가 바로 이에 해당한다. 이처럼 고정관념의 범주를 정하는 과정은 특별한 능력이나 노력을 필요로 하지 않는다.

사람들은 어려서부터 많은 범주를 생성하고 사용한다. 주어지는 정보가 충분하지 않을 경우엔 이런 범주화적 판단이 효율적일 수 있다. 하지만 특정 집단이나 단체와 관련될 경우 문제가 생긴다. '저 범주에 속한 사람들 모두 똑같이 저럴 것이다'라는 고정관념이 선입견을 만드는 것이다. 가령 어느 한국인이 직장에서 만난 미국인과 대화가 잘 통하지 않거나 문화적 차이로 스트레스를 받으면 그는 '미국 사람은 말이 안 통하는 존재'라는 판단을 내릴 수 있다. 특정인에 대한 사전 지식이 없거나 판단을 내릴 만한 시간적 여유가 없을 때 혹은 스트레스를 받을 때 이러한 고정관념적 범주를 만드는 경향이 높게 나타난다.

사람과 관련된 고정관념의 범주화는 사실과 다른 경우가 꽤 있다. 고정관념의 피해자 중 상당수가 여성이라는 점도 눈여겨볼 만하다. 미국 사람들 대부분은 '여성이 남성보다 수학을 못한다'는 고정관념을 갖고 있다. 실제 미국 초등학생 중 상당수의 여학생은 수학을 배우기도 전에 스스로 수학을 못하는 사람이라고 여긴다. 자신이 수학을 못한다고 믿기에 수학 문제만 보면 긴장하고 관련된 과목은 선택조차 않으려 한다. 미국에 '수학 공포증^{math anxiety}'이라는 병이 돌고 있는 건 아닐까 생각될 정도다.

어린 시절부터 이와 관련된 이야기를 하도 많이 들었던 탓에 한때는 '나도 여자라서 수학을 못하는 건가?'라고 생각한 적도 있다. 하지만 내게는 수학보다 서툰 영어가 더 큰 문제였다. 아이러니하지만 덕분에 수학에 대해서만큼은 자신감도 자존감도 떨어지지 않았다. 많은 연구 결과 수학은 성별에 따른 차이가 없을 뿐더러 학업 성적도 여성이 우세한 게 증명됐다. 하지만 알 수 없는 여러 이유와 속설로 여성과 수학에 대한 고정관념이 생겨버린 것이다.

대학생도 별반 다르지 않다. 미국의 대학에서 강의할 당시, 시험 직전이면 유독 많은 여학생이 내 연구실에 찾아왔다. 연구실을 방문한 여학생들은 약속이나 한 듯 걱정스런 눈빛으로 "저는 원래 수학을 못하는 사람이에요"라고 고백했다. 이런 여학생들은 수학에 관심이 있음에도 일단은 수업을 피하려는 경향을 보였다.

고정관념의 범주화

미국의 남자들은 이와 같은 고정관념에서 비교적 자유로운 편이다. 하지만 비교군이 동양인과 서양인으로 확장되면 미국 남자들 역시 '수학을 못하는 사람'에 속하고 만다. 고정관념의 위협 때문이다. 고정관념은 한 개인이 가지고 있는 다양한 가능성을 무시한 채 그의 특성이나 능력을 특정 범주로 귀속시켜버린다.

인간은 자신이 속한 특정 그룹 내에서 고정관념적 행동을 하는 경향이 높다. 평소엔 수학 시험을 잘 보는 여학생들도 같은 교실 안에 남학생이 있으면 수학 점수가 떨어진다는 실험 결과도 있다. 내 연구실로 찾아온 여학생 중 상당수 역시 스스로를 '수학 못하는 사람'이라 단정하며 자신은 아무리 노력해도 안 될 것이라고 생각했다.

한 번은 이런 일도 있었다. 남자 교수의 수학 과목을 수강하던 중 특정 부분에 어려움을 느낀 여학생이 도움을 요청하기 위해 그 교수의 방을 찾았다. 그런데 그녀에게 교수가 들려준 답이 놀라웠다. '이 과목은 수준이 높아 수강이 어려울 것 같으니 다른 전공을 선택하는 게 어떻겠느냐'고 권유한 것이다. 그 교수가 여학생에게 타 전공을 권한 이유가 수학 때문만은 아닐 수 있지만, 이런 유의 이야기를 남학생보다 여학생이 자주 듣는 것은 분명한 사실이다. 더불어 여학생의 수학 수업 포기 비율이 남학생보다 높은 것을 보면 이러한 고정관념의 범주화는 어느 정도 지지된다고 볼 수 있다.

문제는 이런 고정관념이 자신감을 저하시킨다는 데 있다. '나는 수학이 너무 어렵게 느껴진다(자신의 수학 실력에 대한 모니터링) → 그래서 수학을 포기하려고 한다(학습 방향을 설정하는 컨트롤)'의 구조로 흘러가는 것이다.

이러한 종류의 낮은 자신감은 자존감에도 부정적인 영향을 미친다. 단순히 '수학이 어려워서 포기한다'를 넘어 '수학은 나에게 공포의 대상이다'라는 결론을 내리면 메타인지적 판단을 아예 하지 않게 된다. 그리고 이는 결국 자신의 상태를 극복하기 위한 해결 방안을 모색할 수 없게 만든다.

하나의 고정관념을 진실이라고 믿다 보면 사실이 아닌 것도 사실로 믿게 된다. 인간이라면 누구나 무의식적으로 고정관념에 맞춰 행동하려는 습성이 있다. 실제로 나처럼 미국에서 자란 동양인 여성은 서로 모순되는 두 가지 고정관념과 충돌하는 경우가 많다. '여자니까 수학을 못하지만 동양인이니까 수학을 잘한다'가 바로 그것이다. 한 실험 결과에 따르면 자신이 '여자'라는 사실에 초점을 맞출 경우엔 '여자라서 수학을 못한다'는 고정관념을 따라가고, '동양인'이라는 사실에 무게를 두면 '동양인이라서 수학을 잘한다'는 고정관념적 행동을 하게 된다고 한다. 신기하지 않은가?

이와 같은 고정관념 위협을 통제하기란 쉽지 않은 일이다. 고정관념은 언제든 아이의 자신감을 위협할 수 있다는 사실을 부모들은 반드시 기억해야 한다.

5

불안은 어떻게
학습되는가?

어린 시절부터 워낙 활동적이었던 나는 고등학교 시절 여러 운동을 즐겼다. 그중에서도 특히 테니스를 좋아해서 동네에서 열리는 토너먼트 대회에 나갈 정도였다. 매번 비슷한 실력의 친구들과 경기를 하던 어느 날 우연찮게 랭킹 1위인 아이와 맞붙게 됐는데 너무 긴장한 나머지 게임에서 지고 말았다. 그날 저녁 실의 빠져 있는 나를 보며 엄마가 말씀하셨다.

"그 아이가 이긴 게 아니라 네가 그냥 진 거야. 그 친구가 1등이라는 사실에 긴장하는 바람에 제대로 공을 치지 못한 거지."

처음부터 끝날 때까지 곁에서 경기를 지켜본 엄마의 말씀이 맞았다. 당시 나는 '1등 선수를 이길 수 있는 사람은 아무도 없을 것'이란 고정관념의 위협에 사로잡혀 있었다. 지나친 긴장감도 문제였다. 올림픽에 출전한 선수들 중 몇몇은 안타깝게도 제 실력을 발휘하지 못하거나 결정적 순간에 실수를 저지르기도 한다. 큰 무대, 많은 관중, 카메라 등의 압박과 금메달이라는 목표에 눌린 결과다.

메타인지 문제는 결과를 무분별하게 낙관하는 탓에 생기기도 하지만 반대로 결과에 지나치게 신경을 쓰다가 발생하기도 한다. 불필요한 생각이 불안도를 높이고 집중도를 낮추는 것이다.

부모의 불안이 아이의 불안이 된다

한 실험자가 미국 초등학교에서 저학년을 담당하는 여자 담임교사들을 대상으로 재미있는 연구를 진행했다. 본격적인 실험에 앞서 실험자는 이들에게 수학에 대해 불안을 느끼는 정도math anxiety scale를 체크하게 했다. 그리고 첫 학기 시작 전, 이 교사들이 맡고 있는 각 반의 아이들을 대상으로 '수학 불안도'를 측정했다. 1년 후 같은 아이들을 대상으로 이 불안도를 재차 측정했는데 그 결과 수학에 대한 불안이 높은 선생님에게서 배운 아이들이 그렇지 않은 아이들보다 더 높은 불안도를 보였다.

모두의 예상대로 남자아이들보다 여자아이들의 불안도가 더 높게 나타났으며 여자아이들은 '나는 타고난 수학 실력이 없다'는 강한 믿음을 가지고 있는 것으로 조사됐다. 남자아이들과 비교했을 때 수학 수행평가에서 상대적으로 낮은 점수를 기록했음은 물론이다. 여자아이들이 고정관념의 위험을 받은 결과다.

부모들을 대상으로 이뤄진 다른 실험을 보자. 이 실험에서는 수학에 대한 아이의 불안에 부모가 어떤 영향을 미치는지 12년 동안 조사했다. 부모들의 수학 불안도를 측정한 후 그 자녀들을 초등 3학년까지 관찰한 결과, 수학에 대한 불안감이 지속적으로 높은 부모의 아이들은 그렇지 않은 부모의 아이들보다 수학을 못하는 것으로 나타났다. 그 아이들의 수학 실력은 평균보다 반년 정도 뒤처져 있었다.

여기서 주목할 만한 사실이 하나 있다. 수학에 대한 불안이 높은 부모가 적극적으로 아이의 학습을 지도할 경우 아이의 불안도가 훨씬 높은 것으로 나타났다. 반면 부모의 도움 없이 혼자 공부했던 아이들은 이와 같은 현상을 보이지 않았다. 부모의 불안이 아이에게 고스란히 학습되는 것이다.

이런 연구 결과를 알게 된 후 나는 쓸데없는 걱정과 불안한 감정을 조절하고 특히 아이들 앞에선 이런 모습을 보이지 않기 위해 노력했다. 성격이 급하고 긴장도가 높은 사람이라 결코 쉬운 일은 아니었으나 아이들 앞에서 여유 있는 모습을 보이기 위해 의식적·의지적으로 많은 애를 썼다.

하지만 평생 긴장하지 않고 사는 것은 불가능한 일이다. 따라서 나는 다른 결심을 했다. 먼저 나의 불안 요소를 파악하고 피할 수 없다면 그것에 도전해보기로 한 것이다.

부모 자신의 불안부터 살펴보기

딸 세린이가 초등학교에 입학할 때의 일이다. 딸아이는 미국에서 태어났지만 영어가 매우 서툴렀다. 부모가 어울리는 사람이 주로 한국인들이었기 때문이다. 초등학교에 입학할 당시 미국 아이들과 함께 생활해야 하는 세린이는 매일같이 긴장한 상태에서 등교를 했고 나 역시 아이가 친구들과 어울리지 못할까봐 두려웠다. 언어뿐 아니라 자라온 문화와 환경이 달랐기에 더욱 그랬을 것이다.

어린 시절부터 나는 말과 정서가 다른 사람들과 어울리는 것에 많은 불편함을 느꼈다. 그런데 어느 순간 이런 내 모습이 아이에겐 '엄마는 자신과 다르게 생긴 사람들(타 민족)을 불편해한다'는 것으로 비칠 수 있음을 깨달았다. 다소 편향적으로 사람을 만나는 엄마의 모습을 보며 성장한 세린이가 나처럼 다른 민족과의 만남을 피하고 소극적인 인간관계를 이어나갈까 봐 걱정스러워지기 시작했다.

고민 끝에 나는 엄마인 나의 행동을 바꾸기로 결심했다. 아이의 학교에서 걸스카우트 활동을 시작한 것이다. 솔직히 나는 그 활동을 하고 싶은 마음이 전혀 없었다. 여러 활동에 참여하는 적극적인 다른 학부모들은 물론 교장 선생님과의 미팅이 심적으로 버거웠고 대학에서 연구와 학생들 지도를 겸하고 있었기에 시간적 여유도 없었다. 그럼에도 나는 세린이가 초등학교를 졸업할 때까지 걸스카우트 리더를 맡았다. 그 과정에서 나는 지금껏 만나보지 못한 다른 나라 친구들을 많이 사귀었고 세린이도 여러 친구들과 자연스럽게 어울리는 법을 배웠다.

아이를 키우는 부모라면 누구라도 예외 없이 자신의 불안 요소가 무엇인지 살펴볼 필요가 있다. 나의 어떤 불안을 아이들이 보고 있는지, 혹시 아이들이 그것을 학습하고 있지는 않은지 유심히 관찰해야 한다. 그리고 자신을 잠식하는 불안에서 벗어나기 위해 무엇을 해야 할지 고민해야 한다.

이는 아이뿐 아니라 부모 자신의 불안과 긴장을 해소하는 데 아주 좋은 방법이다. 남들보다 자신의 불안도가 높다고 생각된다면 지금이라도 그 불안 요소를 파악해보자.

6

성장의 밑거름이 될
시행착오를 허락하라

다시 이솝 우화 〈토끼와 거북이〉를 떠올려보자. 우리는 토끼와 거북이의 경주에서 거북이가 이겼다는 사실을 알고 있다. 그런데 신기하게도 많은 부모가 자기 아이는 토끼이길 바란다. 공부에서든 예체능 활동에서든 뭔가를 배운다면 그저 빨리 익히기만을 바란다는 뜻이다. 이런 부모는 자신 역시 시행착오를 거치며 서툴고 느리게 배웠다는 사실을 까맣게 잊는다. 그저 아이의 학습 속도 향상에만 관심을 둘 뿐이다. 하지만 앞서 언급했듯, 배움의 과정이 주는 다양한 의미와 재미를 무시하고 속도에만 집중하면 아이의 메타인지는 망가질 수 있다.

학습 시간은 짧은데 성적이 잘 나오는 아이들을 흔히 '머리 좋은 아이'라 칭한다. 이 말 속에는 태어날 때부터 선천적으로 두뇌가 좋다는 의미가 내포되어 있다. 그렇다면 이런 아이들은 학습 속도가 느린 아이보다 정말 똑똑한 걸까? 이와 관련한 실험을 하나 살펴보자.

이 실험에서는 웨인주립대학교^{Wayne State University} 의과대학교를 지원한 여학생 그룹과 남학생 그룹의 추천서를 비교 분석했다. 그 결과 매우 흥미로운 몇 가지 특징이 발견되었다. 첫째, 남학생들을 위한 추천서는 여학생을 위한 것보다 훨씬 길었다. 둘째, 남학생들을 묘사할 때 사용된 단어들은 여학생들을 묘사한 단어들과 다른 면을 보였다. 남학생들용 추천서에는 '업적^{accomplishment}' '성취^{achievement}' '총명함^{intelligence}' 등 '타고난 실력'과 관련된 단어들이 많은 데 반해 여학생들용 추천서에는 '근면한^{hardworking}' '철저한^{thorough}' '부지런한^{diligent}' '헌신적인^{dedicated}' '세심한^{careful}' 등 '노력'과 관련된 단어가 많았다. 마지막으로 이러한 결과는 추천서를 써준 교수들의 성별과 큰 상관이 없었다. 남자 교수가 작성한 것이든 여자 교수가 작성한 것이든 모든 추천서가 이러한 특징을 보였다는 뜻이다.

추천서에서 학생의 '노력하는 모습'을 보여주는 것은 바람직하다. 하지만 여기서 생각해봐야 할 게 하나 있다. 만약 당신이 의과대 교수로 위와 같은 내용의 추천서를 받았다면 '타고난 재능이 있는 똑똑한 학생'과 그저 '열심히 노력하는 학생' 중 어느 쪽을 뽑겠는가?

일부 연구자들은 보편적인 사람들 대부분이 '여학생은 선천적으로 똑똑하지 않기 때문에 더 많이 노력해야 한다'는 생각을 할 수도 있다고 믿는다. 이는 어쩌면 토끼처럼 빨리 달릴 수 있는 '실력'을 갖고 태어났다면 더 빨리 성공할 수 있을 것이라는 믿음에서 오는 착각이 아닐까 싶다.

앞의 연구 결과를 본 후 나는 학생들에게 어떤 추천서를 써주고 있는지 궁금했다. 그래서 지금까지 내가 작성한 학생들의 추천서를 살펴봤다. 나도 노력과 관련된 이야기를 많이 쓰는 편이었지만, 도입부에서는 해당 학생의 '노력'보다는 '타고난 특성'과 관련된 단어들을 의도적으로 많이 사용하고 있음을 알 수 있었다. 추천서를 읽는 이들이 '타고난 학생'을 더 선호하지 않을까 하는 생각에 일부러 그런 단어들을 첫 단락에 쓴 것이다. 솔직히 말하자면 이런 글을 쓸 때마다 속상한 것도 사실이다. 노력하는 거북이보다는 타고난 특성을 가진 토끼 같은 사람을 세상이 더 중요하게 여기는 것 같아서 말이다.

생각에도 브레이크가 필요하다

대부분의 부모는 자신의 아이가 토끼 같길 원한다. 하지만 생각의 속도가 너무 빠르면 뭔가를 진지하게 생각하기 어렵다. 메타인지는 생각에 브레이크를 달아줌과 동시에 생각의 과정을 점검하게 해준다. 메타인지를 사용하는 실생활의 예를 보자.

아이가 화를 낼 때 부모가 쓰는 방법 중 하나가 "곧바로 화를 내기보다는 하나부터 열까지 천천히 세어보는 게 어떨까?"라고 말하는 것이다. 아이가 '생각 없이 행동한다'고 믿기 때문에 무엇을 잘못했고 무엇을 반성할 것인지 정리해보라는 의미다. '생각이 없다'는 말은 곧 자신의 감정에 대한 알아차림 혹은 자신의 행동에 대한 반추가 없다는 말과 같다. 부모들이 요구하는 '화가 났을 때 하나부터 열까지 세어보는 행위'는 자신의 감정(화)을 자각하는 행동이자 왜 자신이 화가 났는지에 대해 생각해보는 시간이다. 이 과정이 바로 메타인지다.

이러한 메타인지는 실생활뿐만 아니라 학습에서도 매우 중요하다. 그런데도 우리는 뭐든 빨리 하는 것, 특별한 노력이나 과정을 필요로 하지 않는 것처럼 보이는 '천재'의 학습 과정이 좋은 것이라 착각한다. 천재의 사전적 정의는 '선천적으로 타고난, 남보다 훨씬 뛰어난 재주 또는 그런 재능을 가진 사람'이지만, 나는 이 단어에 정말 어떠한 의미도 없다고 생각한다.

만약 누군가가 정말 천재라면 그 사람은 태어났을 때부터 모든 것을 알고 있으니 '학습'의 필요를 느끼지 못함은 물론, 찬찬히 학습하는 과정에서 오는 즐거움조차 누리지 못하는 불쌍한 사람일 것이다. 아이에게 이런 불행한 삶을 선물하고 싶은 부모는 없으리라 생각한다.

하지만 천재처럼 빨리 배워야 성공한다는 신념을 자신도 모르게 아이에게 심어주는 부모가 많다. 아이가 우연히 무언가를 잘해낼 때 "우와, 우리 ○○이 천재구나!"하며 즉각적으로 그 능력을 칭찬하면, 아이는 자기가 빨리 학습에 성공해 부모의 기분이 좋아졌다고 생각한다.

문제는 그다음이다. 다른 것을 새로 배울 때는 이전과 달리 학습 속도가 느리거나 시간이 걸리기 마련인데, 이럴 경우 아이는 '어떡하지? 나는 천재가 아닌가봐. 엄마가 이 사실을 알고 실망하면 어쩌지?'라며 불안해한다. 그 결과 배움의 과정을 포기하거나 자기 자신을 '바보'라 칭하며 받지 않아도 될 스트레스를 받는다. 하루아침에 천재에서 바보가 되었다고 믿는 아이가 과연 무엇을 배우려 하겠는가.

메타인지를 키우는 최적의 조건

아이가 뭔가를 잘하는 모습을 보일 때 "이 정도는 해야지, 그럼. 누구 딸(아들)인데!"라며 칭찬하는 부모가 많다. 나도 우리 아이들에게 비슷한 말을 한 적이 있다. 그러나 이런 칭찬은 부모의 지나친 자신감에서 나온 것이고, 아이의 성공과는 무관한 말이다. 부모가 생각 없이 내뱉는 이런 말들은 아이에게 '너는 천재구나'라는 말과 똑같이 적용된다. 이런 말을 듣는 아이의 입장을 생각해본 적 있는가? 아이는 '우리 엄마가(혹은 아빠가) 잘났기 때문에 나도 똑똑한 거구나'라고 생각하지 않을까? 이와 관련된 한 가지 실험을 살펴보자.

실험자는 시험을 앞둔 학생들에게 본인의 능력에 대한 메타인지 판단을 요구했다. 그 결과 시험을 치르기 전 학생들은 자신의 능력을 과대평가하는 경향을 보였다. 실제 시험 점수보다 훨씬 더 좋은 결과를 낙관한 것이다. 학생들은 진짜 시험을 치른 후 자신의 판단이 잘못되었음을 깨달았다. 이 학생들이 비슷한 시험을 치르는 경우에 처하면 어떻게 될까?

이때는 오히려 자신의 능력을 과소평가하는 경향을 보인다. 첫 번째 시험에 대한 판단 실수를 기반으로 메타인지 판단을 조절해나갔기에 가능한 일이다.

우리가 흔히 말하는 천재들은 메타인지 능력을 조절해야 하는 경험이 많지 않을 것이다. 천재가 시행착오를 겪는 일은 흔치 않기 때문이다. 어쩌면 거북이와 달리기 시합을 한 토끼 역시 경주에서 진 경험이 없지 않았을까? 때문에 천재는 자신의 메타인지를 정확히 판단하기 어렵다. 실제로 천재적인 능력을 가진 사람뿐 아니라 천재처럼 행동하는 아이들, 정답만 외우는 학습을 통해 시행착오를 용납하지 못하는 아이들 역시 마찬가지다.

인지적인 면에서 실수와 실패는 학습이 서툴다는 징표지만 메타인지를 키우는 데는 좋은 환경이 된다. 실수와 실패가 없는 환경은 아이들에게 장기적으로 더 큰 착각을 불러일으킬 뿐이다.

7

"기대에 미치지 못할까 봐 두려워요" 후천성 가면 증후군

'가면 증후군^{Imposter Syndrome}'이라는 말을 들어본 적 있는가? 다소 생소
할 수 있지만 적지 않은 이들이 갖고 있는 심리장애다. 특히 사회적으
로 성공한 사람들 중에는 본인 스스로 '내겐 이렇게 성공할 자격이 없
어' 혹은 '나는 성공할 만한 사람이 아닌데 그동안 주변 사람들을 속였
기 때문에 여기까지 온 거야'라는 생각으로 극심한 스트레스를 받는
가면 증후군에 빠진 사람이 많다. 가면 증후군은 한마디로 자신의 성
공이 '가짜'라는 것을 남들이 알아차릴까봐 두려워하는 '병'이다. 이러
한 마음의 병이 생기는 이유는 무엇일까?

일반적으로 한 사람이 성공을 거두기까지는 엄청난 시간과 노력이 필요하다. 사회적으로 성공했다 해도 그 자리를 유지하려면 평생 노력해야 한다. 성공한 사람들은 그 과정과 노력이 얼마나 길고 힘든지 잘 알고 있다.

그러나 우리는 어려서부터 집과 학교에서 무언가를 빠르게 성취한 사람, 소위 말해 '천재'만 인정받는다고 배워왔다. 사회에서도 노력과 근성을 발휘하는 이들보다는 토끼처럼 '타고난 천재'들이 성공할 경우 더 많이 인정해주는 게 사실이다. 노력을 통해 성공한 사람 중 적지 않은 수가 가면 증후군을 앓는 이유도 여기에 있다. 엄청나게 노력하여 성공했지만 아이러니하게도 그 '노력'이 자신이 천재가 아니라는 것을 나타내는 증거라 여기고 사람들이 실망할까봐 불안해하는 것이다. 참으로 슬픈 현상이다.

아이들이 이와 비슷한 심리장애를 보이는 경우도 많다. 여기 밤을 새워 시험공부를 한 어느 학생이 있다. 시험 당일 학교에서 만난 친구가 "공부 많이 했어?"라고 묻자 이 학생은 이렇게 대답한다. "어떡하지? 나 공부를 하나도 못했어. 큰일 났네".

이 학생이 친구의 질문에 거짓 대답을 한 이유는 그렇게 하는 편이 안전하다고 판단했기 때문이다. 시험을 못 보면 친구는 '쟤가 정말 공부를 안 했구나'라 생각할 것이고, 시험을 잘 보면 '쟤는 정말 똑똑한 아이구나'라고 생각할 테니 말이다. 이렇게 천재처럼 보이기 위한 행동 전략은 열심히 공부한 자신의 노력을 뒤로 숨기게 만든다.

이건 진짜 내 실력이 아니야

중학교 3학년 때의 일이다. 학교에서 프랑스어 시험을 봤는데 선생님께서 채점한 답안지를 나눠주시기 전, 반 아이들에게 '자기 점수가 어느 정도일지 스스로 생각해보라'고 하셨다. 우리에게 메타인지 판단을 요구하신 것이다.

선생님이 그런 말씀을 하시기 전부터 나는 이미 내 점수가 엉망일 것이라 생각하고 있었다. 나름 열심히 시험을 준비했지만 예상외로 문제가 너무 어려웠던 것이다. 그래서 선생님의 질문에 "전 이번 시험을 망친 것 같아요. 아마 80퍼센트도 못 맞췄을걸요"라고 대답할 수밖에 없었다. 하지만 선생님으로부터 돌려받은 시험지엔 100점이라는 점수가 적혀 있었다. 시험 결과를 믿을 수 없어 당황한 나를 보며 친구들은 '겸손한 척한다'는 반응을 보였다.

친구들의 반응이 다소 억울했지만 돌이켜 생각해보면 당시 나는 가면 증후군에 빠져 있었던 것 같다. 학습 속도가 상당히 느렸던 탓에 학창시절 내내 나 스스로를 공부 잘하는 학생이라고 생각해본 적이 없었다. 또한 시험을 볼 때마다 지나치게 긴장하는 경향이 있었고, 좋은 점수를 받은 후에도 '이번엔 운이 좋았을 뿐, 이건 진짜 내 실력이 아니야'라고 생각했다. 나는 선천적으로 똑똑한 게 아니라 노력하는 사람이라는 사실을 친구들이 알게 될까봐 두려운 마음도 있었던 듯하다.

시간이 흘러 박사 과정까지 마친 나는 직업 시장에 뛰어들 것인지, 아니면 조금 더 연구를 이어나갈 것인지를 선택해야 했다. 중도 포기를 고려했을 정도로 박사 과정이 쉽지 않았기 때문에 '나처럼 노력이 필요한 사람에게 누가 교수 자리를 주겠어? 학교는 똑똑한 교수를 원하겠지'라고 생각하며 교수직에 지원하지 않았었다.

이와 비슷한 걱정은 교수가 된 뒤에도 끊이지 않았다. 종종 나를 '아주 똑똑한 사람'이라 여기는 이들이 있었는데 그들에게 천재가 아니라는 사실을 들킬까봐, 나의 실체를 알아버린 사람들의 실망한 얼굴과 마주하게 될까봐 두려워한 적도 있었다. 메타인지로 나를 관찰해보면 어느 정도 성공한 사람인데, 왜 이토록 자신감이 부족했던 것일까?

생각은 필요 없어, 빨리 답을 맞춰봐

사람들은 보통 시험 성적과 출신 학교, 연봉 등의 '결과'를 성공의 척도로 여긴다. 하지만 자신감은 그런 결과를 이루어내는 '과정'에서 작용한다. 성공과 자신감을 자연스럽게 연결시키려면 그러한 성공을 만들어내기까지 기울인 노력의 과정을 칭찬하고 용기를 북돋아줘야 한다. 가령 좋은 성적을 거둔 학생에게 친구가 "축하해! 너 정말 열심히 공부하는 것 같더니 시험을 잘 봤구나"라고 이야기하면 "고마워. 나 진짜 노력했어"라고 답하는 식으로 대화가 이어져야 하는 것이다.

이런 과정이 없으면 자신감은 떨어질 수밖에 없다. 노력이 필요한 상황에서 '타고난 것'이 중요하다고 믿어버리면 자신감이 떨어져 도전을 피하는 경향을 보인다는 실험 결과도 있다. 우리가 노력의 가치를 인정하지 않는 이유는 무엇일까? 노력하는 모습이 곧 '나는 아직 답을 찾지 못했어'라고 고백하는 것과 같다고 여기기 때문은 아닐까?

　미국 아이들과 한국 아이들의 학습 습관을 비교해보면 이 부분에서 극명한 차이점이 나타난다. 미국 아이들은 문제를 풀 때 자신의 머릿속에 있는 생각을 말이나 글로 차근차근하게 풀어낸다. 어른들은 문제 풀이 시간에 제한을 두지 않으며 아이들에게 "빨리 해" "그래, 이거지"라는 식의 재촉이나 중간 평가도 하지 않는다. 하지만 한국의 어른들은 아이가 생각을 미처 다 하기도 전에 답을 말해주거나 "빨리 답을 맞춰봐"라고 재촉한다.

　일례로 아이가 자전거를 처음 배울 때를 떠올려보라. 몇 번이고 넘어지는 과정을 거쳐야만 비로소 아이는 저 혼자 자전거를 탈 수 있다. 이때 부모가 뒤에 서서 "자전거 페달을 힘껏 밟으라고 했잖아!" "땅만 보면 어떡해! 앞을 봐야지, 앞을!" 하고 소리쳐도 아이 귀에는 들리지 않는다. 부모는 곧 쓰러질 것 같아 보이는 위태위태한 자전거를 탄 아이가 걱정스러워하는 말이겠지만 아이 귀에는 호통이자 잔소리로 들릴 뿐이다. 자신의 말을 듣지 않고 제멋대로 페달을 굴리는 아이의 모습이 부모의 눈에도 곱게 보일 리 없다. 부모의 목소리는 점점 커지고 아이의 목소리는 점점 작아진다. 얼마나 지났을까. 아이는 슬그머니 자전거에서 내려버린다. 제아무리 노력해도 부모가 잘못된 점만 지적하는 이 상황에서 벗어나고 싶은 것이다. 자전거를 배우겠다는 목적은 어느새 사라지고 아이는 부모의 눈치를 살피느라 정신이 없다.

이런 과정이 반복되면 아이들은 어른 앞에서 자신의 노력을 보여주지 않으려 할 것이다. 무조건 정답만을 요구하는 어른에게 자신의 노력을 보일 이유가 없기 때문이다. 느리지만 자신만의 속도로 열심히 노력하는 아이에게 느린 아이, 이해력이 부족한 아이, 또래보다 뒤처지는 아이라는 프레임을 씌우고 있는 것은 아닌지 다시 한 번 되돌아봐야 할 때나.

8

같은 시간을 공부해도
결과가 다른 이유

내가 아이들의 학습 과정에서 제일 중요하게 여기는 것은 '얼마나 자발적인 태도로 노력하느냐'의 여부다. 나는 우리 아이들이 문제를 풀다가 "아, 엄마, 잠깐만. 이거 아닌 것 같아. 다시 생각해볼게" 하는 순간 아이들의 메타인지를 느낀다. 문제 풀이에 실패할 때도 많지만 실망하지 않고 다시 도전하는 모습을 보면 대견하기도 하다.

심리학에서는 특별히 별다른 노력을 기울이지 않아도 무언가를 빠르게 성취하는 사람, 즉 천재가 존재한다고 믿는 이들을 '불변론자entity theorist'라 한다. 그리고 천재와 반대되는 부류의 존재를 믿는 이들을 '증진론자*incremental theorist*'라고 칭한다.

불변론자는 사람의 성향은 고정된 것이며 지능은 변하지 않는다고 믿는다. 지능은 유전적으로 타고난 능력이기에 노력의 여부와 상관없이 이미 결정되어 있다는 것이 이들의 생각이다. 실제로 성공한 부모 밑에서 자란 아이들의 경우 자신의 성공을 타고난 재능의 결과로 받아들이고 스스로를 똑똑하나 여기는 경향이 있다. 반대로 평범한 부모 아래서 자란 아이들은 스스로를 지극히 평범한 사람, 많은 노력이 필요한 사람이라고 생각하는 경향이 높다.

반면 증진론자들은 지능이란 후천적인 것으로 개인의 노력을 통해 얼마든지 향상될 수 있다고 믿는다. 학습과 관련해서도 불변론자와 증진론자의 접근 방식은 매우 다른데, 이와 관련하여 우리 연구팀은 '노력 여부'를 조작한 한 가지 실험을 진행했다.

이 실험에서 연구자들은 초등학교 1~3학년까지 아이들을 임의로 나누어 '통제집단'과 '실험집단'으로 구분했다. 연구진은 두 집단의 아이들에게 같은 내용의 글을 하나 제시했다. 다만 통제집단에게는 읽기 쉽게 작성된 글을, 실험집단에게는 조금 어렵게 쓰인 글을 보여주었다. 얼마의 시간이 지난 뒤 연구진은 글을 다 읽은 두 집단의 아이들에게 "본문의 내용을 얼마나 이해했다고 생각하니?"라는 질문을 던졌다. 아이들은 각자 자신의 생각을 실험자에게 대답한 뒤 본문 내용에 대한 시험을 치렀다.

모든 실험이 끝난 후 연구진은 두 집단의 아이들에게 '노력하는 것에 대해 어떤 느낌을 가지고 있는지'에 대해 물었다. 실험에 참여한 아이들이 불변론자와 증진론자 중 어느 쪽에 해당하는 생각을 가졌는지 파악하기 위해서였다.

결과적으로 시험 수행 결과에서는 두 집단 간의 큰 차이가 없었다. 하지만 메타인지, 즉 자신감 부분에서는 불변론자 이론을 가진 아이들과 증진론자 이론을 가진 아이들 사이에서 유의미한 차이가 발견됐다. 증진론자 이론을 가진 아이들은 '본문의 내용을 모두 이해했느냐'는 실험자의 질문에 '노력과 상관없이 자신 있다'고 대답했다. 그러나 불변론자 이론을 가진 아이들 중 통제집단, 즉 별다른 노력이 요구되지 않은 집단에 속한 아이들은 본문 이해도에 대해 자신감이 높았던 반면, 노력을 필요로 하는 실험집단에 속한 아이들은 낮은 자신감을 보였다. 똑같이 시험을 잘 봤음에도 노력을 요하는 수행에 있어 불변론자 이론을 가진 아이들은 자신이 내용을 제대로 이해하지 못한다고 착각하는 경향을 보인 것이다.

책상에 오래 앉아 있는 게 능사는 아니다

혼자 공부할 때 이런 착각으로 아이의 자신감이 하락한다면 그다음에 이어지는 행동과 선택은 학습에 최적화되지 않을 가능성이 높다. 배울 수 있는 역량이 충분함에도 학습을 지레 포기하고 마는 것이다. 일례로 어린아이에게 작은 글자가 가득한 책을 보여주면 아이는 제대로 읽지도 않고 '어렵다'고 판단해버린다. 글자가 많은 책이 글자가 적은 책보다 어려울 수는 있지만, 사실 글자의 분량과 글자의 크기는 책의 난이도와 큰 상관이 없다. 단지 '작은 글자의 책'은 어렵다는 메타인지 착각이 아이의 행동을 바꿀 뿐이다.

메타인지 착각에 빠진 아이들 중 상당수는 '오래 공부해야 한다'는 압박감에 시달린다. 이런 아이들은 컨트롤 착각으로 인해 30분이면 끝날 공부를 세 시간씩 잡고 있다. 영어 실력이 부족하다는 이유로 수학은 하지 않고 영어만 붙잡고 있으면 두 과목 시험 모두를 망치는 결과를 불러온다.

한 과목에만 올인하는 것은 좋은 학습 습관이 아니다. 학습에도 선택과 집중이 필요하고, 이를 잘하기 위해서는 '포기'라는 선택도 할 줄 알아야 한다. 관련 학습을 아예 포기하라는 것이 아니라 잠깐이라도 학습 템포를 끊어야 한다는 뜻이다. 아이가 포기를 못하면 엄마가 옆에서 조절을 해줄 필요도 있다. 다른 과목의 공부를 제시하거나 잠깐 쉬는 시간을 갖게 하는 것도 방법이다.

결론적으로 부정확한 메타인지를 가지고 노력이 아닌 천재만을 중요시하는 학습 풍토는 여러 부작용을 낳는다. 이 부정적 결말의 시발점은 선천적으로 뛰어난 지능을 가진 천재가 좋다고 믿는 부모와 그러한 천재가 되어야 한다고 믿는 아이라고 할 수 있다.

9

메타인지에도
골든타임이 있다

내가 중학교 때의 일이다. 여름방학 동안 나는 매일 동네 수영 팀에서 25미터 수영장을 200번씩 왕복했다. 이것도 내게는 벅찬 운동량이었는데, 매일 수영복을 두 벌씩 겹쳐 입고 나보다 더 많은 연습하는 고등학생들이 있다는 사실을 알고선 깜짝 놀랐었다. 누군가는 세 벌의 수영복을 겹쳐 입고 연습한다는 이야기도 들려왔다. 아마도 연습 기간이기에 가능했던 일이라 생각된다.

시합을 할 때와 달리 연습 기간에는 수영 속도가 느려도 상관없다. 아니, 오히려 느린 편이 더 좋다. 경기를 위한 준비가 잘 이루어질 수 있기 때문이다. 수영복을 두세 벌씩 겹쳐 입고 연습했던 선수가 본 경기에서 한 벌의 수영복만 입고 시합을 한다고 생각해보자. 더 큰 자신감으로 물속에서 날아가는 기분을 느낄 수 있을 것이다. 효과적인 공부 방법도 이와 같다.

초등 부모들이 착각에 빠지는 이유는 초등학생들의 빠른 학습 속도 때문이다. 빠른 학습 속도와 관련하여 아이들은 몇 가지 특징을 보이는데 첫 번째는 아이들의 나이가 어릴수록 친구들과의 경주를 재미있다고 여기는 것이고, 두 번째는 학습 수준이 어렵지 않아서 생각보다 빠른 속도로 학습을 끝내는 것이다. 마지막으로 세 번째는 쉽고 빠르게 학습 목표에 도달한 아이들은 스스로의 성공에 도취되어 자기 자신을 똑똑하다고 생각한다는 것이다.

만약 아이가 위의 세 가지 특징을 모두 나타냈다면 부모는 메타인지를 연습할 좋은 기회라고 생각해야 한다. 아이를 성장시킬 수 있는 골든타임인 것이다. 자신이 해냈다는 기쁨에 젖어 있는 아이에게 정답을 찾는 데 한 가지 길만 있는 게 아님을, 다시 말해 다른 방식으로 생각해도 정답을 얻을 수 있음을 알려줘야 한다. 부모의 노력으로 초등 저학년 때 메타인지가 연습된 아이들은 고학년에 진급해서도 '공부가 보통 일이 아님'을 '지금은 아는 지식이지만 얼마 지나지 않아 잊어버릴 수도 있음'을 안다. 하지만 이때 메타인지를 연습하지 못한 아이와 부모는 학년이 올라갈수록 엄청난 혼란을 겪는다.

일례로 초등학교 때 제법 공부를 잘하던 아이들 중 상당수는 상급

학교에 진학한 뒤 성적이 떨어진다. 성취 속도도 느려지는 게 당연하다. 그러나 속도전에 익숙한 부모와 아이는 이 상황을 이해하지 못한다. 직접 공부하는 당사자가 아닌 부모는 더욱 그렇다. 그래서 속도가 느려진 아이에게 "평소엔 잘하더니 요즘 왜 그래?" 혹은 "벌써 사춘기야?"라는 질문을 던진다.

하지만 공부는 절대 빨리 할 수 있는 게 아니다. 쉽고 빠르게 배울수 있다는 생각은 엄청난 오해임을 아이에게 이해시켜야 한다. 학습은 경주가 아니라는 사실을 이해하는 아이만이 또 다른 하나를 배울 수 있다. 학습이 경주라고 생각하는 아이는 이기는 순간의 성취감에 취하기 쉽다. 그러나 학습은 마라톤이고, 짧은 성취감만으로는 이 길고 긴 경주를 버티기 어렵다. 부모 먼저 이러한 사실을 인정하고 자각하는게 중요하다.

메타인지를 방해하는 두 번째 착각,

쉬운 길이
좋다고
생각한다

1

장기 목표를 이루게 하는
단기적 행동 전략

많은 사람이 성취 과정은 쉬울수록 좋다고 여긴다. 그 과정이 쉬울수록 성취 속도도 빠를 것이라고 오해한다. 이는 '빠른 길'과 '쉬운 길'을 구분해서 생각하지 않은 결과다. 다음의 두 사례를 보자.

첫 번째, 일곱 살이 된 어린아이가 이제 막 운동화 끈을 매는 방법을 배우기 시작했다. 엄마가 옆에 앉아 끈 묶는 방법을 보여주며 천천히 설명해도, 혼자 그 일을 처음 시도해보는 아이는 제대로 따라 하기가 힘들다. 얼마나 지났을까? 결국 아이는 제 마음처럼 쉽게 맬 수 없는 끈을 보며 짜증을 낸다. 이때 부모는 어떻게 반응해야 할까?

두 번째, 초등학교 1학년 아이가 받아쓰기 시험을 대비해 공부하고 있다. 아이는 엄마가 불러주는 단어를 노트에 쓰기 시작한다. 얼마 지나지 않아 부모는 아이의 맞춤법이 틀렸음을 발견한다. 이를 지켜보던 부모는 틀린 것을 바로 잡아주는 자신의 역할이라고 생각하고 오류가 있는 부분을 바로 지적한다. 이때 아이는 어떤 생각을 하게 될까?

아이들은 어른의 행동을 보고 따라 하기 때문에 대부분의 일을 '쉽다'고 착각할 수 있다. 예를 들어 아이들은 또래 아이가 서툰 모습으로 신발 끈 매는 모습을 본 적이 없다. 신속하고 정확하게 신발 끈을 매는 부모의 모습만 봐왔을 뿐이다. 너무도 쉽게 문제를 해결하는 부모의 모습을 본 아이는 운동화 끈을 매는 게 어렵다는 사실을 쉽게 이해하지 못한다.

먼저 신발 끈을 제대로 매지 못해 짜증내는 아이에게는 "천천히 해도 돼" "원래 어려운 거니까 시간이 걸려도 괜찮아"라고 말해줘야 한다. 이때 엄마가 운동화 끈을 대신 매어주거나 재촉하는 말을 쓰는 것은 좋지 않다. 나는 신발 끈을 처음 매는 아들에게 "지금 겨우 1분 해보고선 안 된다고 투정부리는 거니? 원래 신발 끈 매는 방법을 배우려면 두 달은 걸린단다"라고 말했었다.

물론 이런 교육 방식이 쉬운 건 아니다. 특히 배움의 과정을 강조하는 '제대로 된 학습'은 사라지고 속도만 강조하는 학습법이 대세인 한국에서는 더욱 그렇다. 아이든 부모든 빠르고 가장 쉬운 공부법만 찾으니 조금이라도 어려운 과정에 접어들면 이를 견디지 못하고 포기하는 학생들이 늘어나는 것도 당연하다.

어려운 학습 과정이 쉬운 학습보다 좋다는 사실을 아직도 믿기 어려워하는 부모들을 위해 몇 가지 심리학 연구를 통해 증명해보고자 한다.

단기 기억과 장기 기억

대학교 4학년 때의 일이다. 대학원 진학을 준비하던 나는 진학하고 싶은 학교의 분위기를 눈으로 확인하기 위해 몇몇 학교를 탐방했었다. 그중 하나가 매사추세츠공과대학교^{MIT}였는데, 그곳에서 나는 뇌과학계에서 가장 유명한 환자 한 명을 만날 수 있었다.

나는 MIT를 같이 방문한 친구들과 함께 거의 70세에 이른 그와 악수를 하고 짧은 대화를 나눴다. 그는 우리의 질문에 완벽한 대답을 들려주었고, '뇌과학계에서 가장 유명한 환자'라는 타이틀이 무색할 정도로 아무 문제 없는 사람처럼 보였다.

그와 짧은 대화를 나눈 후 우리는 방 밖으로 나왔다. 그리고 약 1분 정도 지난 후 그가 있는 방으로 다시 들어갔는데 이게 웬일인가. 그는 우리를 전혀 기억하지 못했다. 그는 마치 처음 만난 사람처럼 우리와 다시 악수를 나누고 좀전과 비슷한 종류의 짧은 대화를 나눴다.

그는 바로 '환자 H. M._Henry Gustav Molaison, 1926~2006_'이라는 이니셜로 널리 알려진 헨리 구스타프 몰래슨이었다.

1926년에 태어난 H. M.은 어린 시절 자전거 사고로 간헐적 발작을 겪게 되었다. 청소년이 된 후 점점 심해진 발작은 그의 일상생활조차 어렵게 만들었고 결국 1953년, 27세의 H. M.은 뇌 수술을 위해 수술대에 오른다.

수술을 집도한 신경외과 의사 스코빌 Scoville 은 H. M.에게서 발작을 일으키는 요인을 없애기 위해 뇌에서 내측측두엽 temporal lobe 을 제거했다. 수술 후 H. M.의 발작 증세는 완화되었고 지능, 감각, 운동 기능 등도 모두 정상이었지만 기억에서 문제가 발생했다. 그 무엇도 30초 이상 기억할 수 없게 된 것이다.

인지심리 분야의 연구자들은 H. M. 덕분에 기억이 두 종류로 구분됨을 알게 됐다. 단기 기억 short-term memory 과 장기 기억 long-term memory 이 바로 그것이다. 단기 기억은 몇 초에서 몇 시간 정도의 경험이나 정보를 유지하는 기억이고, 장기 기억은 한계 없이 평생 지속되는 기억이다.

나는 가끔 강의할 때 학생들에게 묻는다. "고등학교 때 '공부 열심히 해서 좋은 대학에 붙었으면 좋겠다'고 생각했던 사람 있으면 손 들어보세요." 그러면 많은 학생이 손을 든다. 그다음에 "고등학교 때 배운 내용, 시험에 나왔던 내용을 기억하는 사람 손 들어보세요"라고 하면 손을 드는 사람이 거의 없다.

학습에 비해 감정과 관련된 일들은 쉽게 기억에 남지만, 학교 공부는 감정과도 큰 관련이 없다. 그렇다면 장기적으로 기억할 수 있는 학습은 방법은 무엇일까? 그런 방법이 존재하기는 할까?

우선 장기적으로 기억하는 것 자체가 '보통 일이 아니다' 혹은 '쉬운 일이 아니다'라고 생각해야 한다. 단기적으로는 공부한 내용을 기억하는 것처럼 느낄 수 있지만, 그 기억이 장기적으로 지속되리라는 기대는 하지 말아야 한다는 뜻이다. 중고등학교 때 배웠던 내용 모두를 지금까지 기억하는 어른은 없지 않은가? 이런 기대 자체가 공부에 대한 의지를 저하시키고 큰 실망감을 불러올 수 있다.

단기적 목표와 장기적 목표

많은 부모가 자녀를 좋은 대학에 보내는 것을 최종 목표로 삼는다. 때문에 고등학교를 졸업하는 18세까지는 아이가 오직 시험에 나오는 지식을 중심으로 기억하길 원한다. 하지만 우리는 알고 있다. 18세라는 나이는 인생의 시작도 아니고 끝 또한 아니라는 사실을 말이다.

오로지 대학 입학만이 학습의 이유가 되어버리면 부모뿐 아니라 아이까지도 장기 기억을 목표로 여기지 않게 된다. 대입에서 가장 중요한 것은 결국 시험 성적이기 때문이다.

나는 단기적 학습 목표와 장기적 학습 목표를 함께 고려하기 위해 늘 노력한다. 두 목표 모두 이루어지면 좋겠지만, 상황에 따라 이 둘은 가끔 상충되기도 한다. 다음과 같은 상황을 생각해보자.

아이가 피아노를 배우기 시작했다고 가정했을 때, 아이와 부모가 같은 목표(콩쿠르 입상, 피아노학과 입학 등)를 가지는 경우보다 서로 다른 목표를 가지는 경우가 많을 것이다. 가령 피아노 치는 행위에 재미를 느낀 아이는 즐기는 것을 목표(장기적 목표)로 삼지만, 부모는 단순히 즐기는 것을 넘어 '인정받을 만한 곡을 연주할 수 있는 것'을 목표(단기적 목표)로 한다. 이러한 목표를 가진 부모는 경연대회나 연주회 입상을 위해 아이에게 쇼팽이나 베토벤 곡을 중심으로 강도 높은 연습을 시킨다. 대회 입상은 대학교 합격 가능성을 높이는 스펙이 될 수 있으니 아이에게도 좋은 경험이 될 것이라 여기며 말이다.

　나는 주변에서 이런 식으로 피아노를 배우는 어린아이들을 정말 많이 봤다. 이런 상황의 아이들은 부모와 끊임없이 싸운다. 그런데 신기하게 연습을 게을리하진 않으며, 열심히 노력한 결과를 바탕으로 대회에 출전하여 좋은 결과도 얻는다.

　아이들이 중도포기 없이 목표를 향해 달려가는 건 좋은 현상이나, 문제는 과정이다. 부모의 강요로 연주회를 준비한 아이들은 대부분 한번 성공한 뒤엔 두 번 다시 피아노 근처에도 가지 않는다. 단기적 목표를 성취했기 때문이다. 부모는 아이의 단기적 학습 목표와 장기적 학습 목표 모두를 고려할 수 있는 선택을 해야만 한다.

　학교 공부도 이와 비슷하다. 단기적 목표로 보면 시험 중심의 공부는 분명 훌륭한 학습 방법이다. 그러나 우리는 시험을 잘 보는 것보다 더 중요한, 장기적 목표를 위한 학습 방법도 알아야만 한다.

2

'맥락'을 이해하면
메타인지가 보인다

아이들은 학습할 때 보통 어떤 것들을 배우고 기억할까? 여기 유치원생이 있다고 가정해보자. 아이는 유치원에서 이제 막 한자를 배우기 시작했다. 수업 시간 아이는 책상에 얌전히 앉아 선생님이 하시는 말씀을 듣는다. 이때 아이가 배우는 것은 한자가 전부일까? 전혀 그렇지 않다. 아이는 선생님의 특이한 말투나 제스처, 교실의 분위기, 옆에서 친구들이 공부하는 모습 등을 기억하고, 이런 외적 내용은 한자와 더불어 '추가 학습 자료'처럼 아이에게 저절로 학습된다.

학습할 당시 '자신의 컨디션'도 학습 내용에 포함된다. 같은 한자를

배우더라도 아이가 수업 당시 기분이 좋은 상태라면 '기분 좋은 한자'
가, 기분이 나쁜 상태면 '기분 나쁜 한자'가 될 수 있다. 우리도 모르게
포함이 되는 '맥락^{context}', 즉 사건과 물건이 서로 관련되어 이어져 있는
관계 전체가 기억되기 때문이다.

　그런데 특별히 주의를 기울이지 않을 경우 파악하기 힘든 게 바로
맥락이다. 만약 선생님이 밝은 목소리로 '부모^{父母}'라는 한자를 아이에
게 가르쳤다고 치자. 아이에게 그것이 '기분 좋은 한자'로 기억된다 해
도 시간이 지난 후 그 맥락이 어떤 효과를 불러오는지는 구체적으로
알기 어렵다. 어렴풋이 추측만 가능할 뿐이다. 예를 들어 방학 내내 한
자에 대한 생각을 잊고 지내던 아이가 개학 후 유치원에서 선생님의
밝은 목소리를 듣는 순간 '父母'라는 한자를 떠올릴 수도 있는 것이다.

　많은 심리학 연구에서는 맥락에 대해 이렇게 말한다. '어떤 것을 학
습할 때 배우고자 하는 내용과 맥락을 함께 배우면 나중에 그 내용을
기억해내고 싶을 때 맥락이 그것을 떠올리게 도와준다'고 말이다.

'같은 맥락'의 중요성

　장기적으로 학습 내용을 기억하고 싶다면 어떻게 해야 할까? 공부
할 때의 맥락과 기억을 떠올리고 싶을 때의 맥락이 서로 비슷해야 한
다. 가령 시험을 볼 때 대개의 아이들은 '힘들다'고 생각하는데, 힘들
다는 감정 역시 중요한 맥락 중 하나다. 시험공부를 할 때 '힘들다'는

맥락이 있었다면 시험을 볼 때도 평소와 익숙한 느낌으로 시험을 칠수 있다. '빠른' 또는 '쉬운' 맥락에서만 공부하면 어렵고 힘든 시험을 치러야 하는 실전에서 별 도움을 받지 못한다는 이야기다.

학습할 때의 '맥락'이 기억에서 얼마나 중요한 역할을 하는지를 다룬 심리학 실험은 수없이 많다. 그중 하나가 아기의 발목에 모빌 끈을 언결하는 실험이다.

실험자는 아기의 발목에 모빌을 끈으로 연결한 후, 아기가 발을 움직일 때마다 모빌이 돌아가며 음악이 흘러나오도록 설계했다. 얼마 지나지 않아 아기는 '자신이 발을 차면 음악이 나오고 발을 움직이지 않으면 음악이 꺼진다'는 것을 학습했다.

그런데 엄마가 아기 침대 시트를 새로운 걸로 바꾸면 아기의 발차기 빈도는 낮아지고, 원래 시트로 다시 바꿔주면 발차기 빈도가 높아졌다. 새로운 이불, 즉 새로운 맥락에서는 아기가 학습했던 것을 '기억하지 못한다'는 것을 보여주는 실험이다. 학습한 상황이 달라질 경우엔 이미 학습했던 내용을 회상하기가 어렵다는 것을 보여주는 것이다.

우리가 어린 시절 겪은 무수한 경험이 잘 기억나지 않는 이유도 이와 유사하다. 성장과 더불어 달라지는 환경, 즉 맥락의 변화가 이와 같은 현상을 불러온다. 세상을 보는 눈이 달라짐에 따라 어릴 적 기억을 불러올 수 있는 기초들이 사라져버리는 것이다.

맥락과 관련된 흥미로운 실험이 또 하나 있다. 실험자는 피험자들을 임의로 두 집단으로 나눈 뒤 A 집단에게는 술에 취한 상태에서,

B 집단에게는 술을 마시지 않은 맨정신 상태에서 단어를 암기하게 했다. 이렇게 서로 다른 두 가지 맥락에서 학습한 후 시험을 보게 하자 흥미로운 결과가 나타났다. 술을 마시지 않고 시험을 치렀을 때는 맨정신으로 공부한 B 집단의 시험 점수가 높게 나왔지만, 술을 먹고 시험을 치렀을 때는 술에 취한 상태에서 학습했던 A 집단이 더 많은 단어를 기억해낸 것이다. 이는 '같은 맥락'의 중요성을 보여주는 결과라 할 수 있다. 물론 학습할 때 술을 마시지 않는 게 가장 좋기는 하지만 말이다.

학습에 있어 맥락의 중요성을 나타내주는 '전이-적합 처리 이론transfer appropriate processing, 학습 재료가 나중에 어떻게 이용될 것인지에 따라 달리 부호화하는 것'은 현재 학계에서도 많은 지지를 받고 있다. 왜 그런지 그 이유를 살펴보자.

혼자 학습한 내용을 기억할 수 있는 힘

한국의 시험은 객관식 문제를 중심으로 한다. 아이들의 공부 전략 역시 객관식 문제를 연습하는 방식으로 이뤄진다. 높은 성적을 얻기 위한 좋은 전략임이 분명하지만 장기적 학습 관점에서 보면 그리 좋다고는 할 수 없다. 장기적으로 기억하는 힘, 아이 혼자 학습한 내용을 기억해낼 수 있는 힘을 방해하기 때문이다.

나는 한국을 방문할 때마다 우리 아이들이 친구들과 재미있는 시간을 보내길 바라며 그런 기회를 많이 마련하려 한다. 한국 친구를 사귀려는 목적도 있지만 친구들과 어울려 노는 과정이 아이들의 장기 기억에 도움이 되리라는 생각에서다. 우리 아이들이 어렸을 때는 한국 친구들과 노는 것이 어느 정도 가능했으나, 초등학교에 입학한 뒤부터는 상황이 달라졌다. 친구들이 학교와 학원 수업에 쫓겨 우리 아이들과 어울릴 시간이 없다.

나는 이런 순간을 마주할 때마다 상대 부모에게 '우리 아이들과 놀면 영어를 연습할 수 있다'고 설득한다. 그럴 때마다 돌아오는 대답은 늘 비슷하다.

"영어 공부는 놀면서 할 수가 없어. 차라리 그 시간에 혼자 시험공부를 하는 게 더 효율적이야."

'장기적 영어 공부를 위한 시간 투자는 부담스러우니 시험을 대비한 영어 공부로 단기적 효과를 보겠다'는 생각이다. 하지만 어떤 경우(가령 수능 시험을 치를 때) 단기적 학습만으론 원하는 바를 성취하기 어렵다. 우리가 그토록 기대하는 아이의 성공은 장기적 학습 방법으로 이루어지는 경우가 적지 않다는 사실을 기억해야 한다.

3

어떻게
생각할 것인가?

전이-적합 처리 이론에 따라 '공부하는 맥락과 시험 보는 맥락이 같도록 만들면 결과도 좋지 않을까?' 하는 궁금증을 품게 된 독자도 있을 것이다. '우리 아이가 학교에서 공부할 때, 실제 중간고사나 기말고사를 치르는 책상에서 수업을 들으면 더 좋은 결과가 나오지 않을까?' 같은 식으로 말이다.

그저 학교 시험을 잘 보는 것이 목표라면 전이-적합 처리 이론에 따라 같은 환경적 맥락에서 공부하고 시험을 치르면 된다. 하지만 독자들도 이제는 알 것이다. 그 맥락에서 벗어나면 우리의 기억력이 약해질 수 있다는 것을. 그렇다면 무엇을 어떻게 해야 장기 기억력을 향상시킬 수 있는 것일까?

장기 기억 학습법과 관련된 개념 중엔 '가변성^{variability}'이란 것이 있다. 가변성이란 '다양한 맥락으로 구성된 학습 환경'을 뜻한다. 이러한 가변성을 전이-적합 처리 이론과 결부시켜 생각하면 '다양한 맥락으로 구성된 학습 환경에 기반을 두면 학습한 내용을 오랫동안 잘 기억할 수 있다'는 결론에 이르게 된다.

인간은 머릿속에 저장된 기억을 꺼내기 위해 '단서^{cue}'라는 것을 사용한다. 예를 들어 '오른쪽 모퉁이를 돌면 대형마트가 있다'는 식이다. 이처럼 맥락 속에는 이러한 단서들이 많이 포함되어 있다. 학생들은 수업 시간에 배운 내용을 기억해내기 위해 당시 주변에 있던 책상, 선생님과 같은 외적 단서를 사용하거나 취한 상태와 맨정신, 또는 좋은 기분과 나쁜 기분 등의 내적 맥락을 사용하기도 한다. 맥락의 특정적인 단서에만 의존하지 않고 여러 단서를 종합적으로 사용하여 학습하면 그 맥락과 상관없이 기억하고 싶은 정보를 불러낼 수 있다. 중요한 것은 '떠올리기'에 용이한 도구인 가변적 단서를 잘 사용하는 것이다.

학습한 내용을 오랫동안 안정적으로 기억하려면 맥락과 단서의 가변성을 효과적으로 활용할 수 있어야 한다. 가변성에 대한 접근 능력을 증진시키려면 여러 가지 맥락 안에서 학습할 필요가 있는데, 이 과정에는 많은 시간이 필요하다. 빠른 학습으로는 다양한 맥락을 구성하기가 어렵기 때문이다.

조용한 환경이 아이의 기억을 방해한다

많은 부모가 아이의 장기적인 인생 목표를 설정하는 것보다 눈앞에 닥친 시험 즉, 단기 목표를 달성하는 게 아이에게 더 중요하다고 생각한다. '좋은 성적 받기'라는 단기 목표는 굳이 가변성을 필요로 하지 않기에 아이와 부모 모두 단순한 맥락, 즉 단서에만 의존해도 된다고 착각할 가능성이 높다.

예를 들어 '한 학기'라는 기간을 설정한다면 아이에게 기말고사는 비교적 장기적인 목표가 될 수 있다. 중간고사는 단기 목표이므로 가변성에 대한 고려 없이 똑같은 장소, 똑같은 책상에서 공부할 경우 아이는 나름 괜찮은 성적을 받을 수도 있다. 이런 방식으로 원하는 성적을 얻은 아이는 기말고사에서도 같은 방식이 통하리라 믿게 된다. 그런데 생각해보라. 아이의 진짜 목적은 학교 시험이 아닌 '수능'에 있다.

수능은 아이가 평소 공부해온 장소나 사용했던 책상에서 치를 수 있는 시험이 아니다. 때문에 환경이 바뀌는 가변성에 적응하지 못하면 좋은 성적을 거둘 수 없다.

물론 아이가 가변성까지 고려하며 학습하는 건 쉬운 일이 아니다. 특별한 생각을 하지 않아도 즉각적으로 나오는 행동, 즉 습관을 따르는 편이 더 쉽고 빠른 방법이긴 하다. 아이가 피아노 연주회에서 선보일 곡을 연습한다고 가정해보자. 오랜 기간 연습해온 아이들은 대부분 별 생각 없이 기계적으로 피아노 건반을 두드린다. 생각 없이 하는 연습이라도 오랜 시간 피아노 앞에 앉아 있다 보면 어느 정도 아이의 실력은 향상된다. 곡을 치는 게 습관으로 형성된 까닭이다.

문제는 연주회 당일이다. 연주회를 앞둔 아이는 평소와 달리 '긴장'
한 상태에서 곡에 집중하게 되는데, 바로 이 '집중'이 아이의 메타인지
를 건드린다. 평소 습관처럼 피아노곡을 연습했던 손가락이 머리의 명
령을 듣지 않는 것이다. 결국 무대에 오른 아이는 수많은 연습이 무색
하게도 악보의 첫 장을 기억해내지 못한다.

전이-적합 처리 이론과 가변성을 같이 고려해야 하는 이유가 여기
에 있다. 평소 아이가 피아노 연습을 할 때 연주회의 긴장감을 고려했
으면 이런 문제가 발생하지 않는다. 학습도 마찬가지다. 평소 자신이
공부한 자리에 앉아 시험을 보면 아이는 별다른 이질감 없이 안정적인
상태에서 시험에 임할 수 있다. 단순히 물리적 환경뿐 아니라 정신적
상태도 평소와 비슷하게 유지되기 때문이다.

하지만 갑자기 교실이 바뀌거나 예상보다 어려운 문제가 출제되는
등 시험 당일엔 언제나 돌발적 변수가 작용한다. 아이의 기억력을 높
이고 싶다면 평소에도 가변성 있는 상황을 경험하거나 다양한 단서를
사용하는 훈련이 이뤄져야 한다. 조용한 환경이 아이의 집중도를 높인
다고 생각하는 부모가 많은데 오히려 그런 환경이 아이의 기억을 방해
할 수도 있다는 뜻이다.

4

자신이 잘 배우고 있다는
아주 위험한 착각

'학교 수업'이라고 하면 어떤 광경이 떠오르는가? 아마 선생님이 학생들에게 일방적으로 지식을 전달하는 강의^{lecture}가 상상될 것이다. 분명 강의는 학생들에게 도움이 되지만, 메타인지 측면에서 보면 이야기가 달라진다. 토론 같은 쌍방향 소통이 아닌 일방적인 강의는 오히려 학생들의 메타인지를 착각하게 만들 가능성이 높다.

아무 말 없이 선생님의 강의를 듣는 아이들은 어느 순간 '내용이 잘 이해된다' '수업이 너무 쉽다'라는 생각을 한다. 자신이 알아야 할 내용을 선생님이 미리 다 말해주니 '이해가 잘된다'는 착각에 빠지는 것이다. 메타인지 관점에서는 이를 '과신'이라고 본다. 한국에서는 학생들이 토론할 기회가 많지 않고 시험 성적만 잘 받으면 되기 때문에 과신이 별 문제가 되지 않는다. 빠른 이해가 학생들 사이에서 자랑거리가 되는 것도 안다. 반갑지 않겠지만 과신의 위험성을 알려주는 다음의 실험을 보자.

실험자는 학생들을 A, B 두 그룹으로 나눈 뒤 영상을 통해 선생님의 수업을 받게 했다. 다만 A 그룹에게는 유창한 언변으로 가르치는 선생님의 수업 영상을, B 그룹에게는 수업 내내 노트를 참고하고 말을 더듬거리며 어려운 용어를 사용하는 선생님의 수업을 보여주었다. 영상이 끝난 후 실험자는 학생들에게 수업의 내용을 얼마나 이해했는지, 선생님이 얼마나 잘 가르치는지 등에 대한 메타인지 판단을 수행했다. 이후 영상 수업 시간에 배운 내용에 대한 시험을 치렀다.

시험 결과 두 그룹의 성적에는 별 차이가 없었다. 두 그룹의 학생 모두 수업 내용을 비슷하게 기억해냈다. 하지만 메타인지 판단에서는 큰 차이를 보였다. 정보 전달을 능숙하게 하는 선생님에게서 배운 A 그룹 학생들은 자신들이 잘 배웠다고 평가한 반면 말을 더듬는 선생님에게서 배운 B 그룹의 학생들은 선생님의 가르침이 서툴러서 자신들이 제대로 배우지 못했다고 평한 것이다.

이 실험 결과에서 알 수 있듯 아이들은 선생님이 유창한 언변으로 수업을 하면 자신들이 더 잘 배우고 있다는 위험한 착각에 빠진다. 너무 편하게 답을 제시해주는 선생님을 만나면 아이들은 컨트롤과 학습 방식에 신경을 덜 쓰게 된다.

학습한 정보를 온전히 나의 것으로 만드는 과정

강의하는 선생님도 착각에 빠지기 쉽다. 강의 위주의 수업은 아이들의 이해도와 상관없이 선생님 주도로 진행된다. 질문을 하는 아이도 많지 않기 때문에 선생님은 학생들이 수업 내용을 잘 이해하고 있을 것이라 여긴다.

하지만 이런 수업이 끝난 후 아이들에게 수업 내용을 복기해보라고 하면 제대로 기억하지 못한다. 말을 하는 맥락(선생님)과 수업을 듣기만 하는 맥락(학생)이 서로 다르고, 학습 내용에 대한 전이-적합 처리 또한 제대로 이루어지지 않은 결과다. 토론이나 발표를 통해 아이가 스스로 수업 내용을 설명해보는 과정이 없는 수업, 장기 기억을 위한 맥락에서의 판단을 요구하지 않는 수업은 이처럼 빈번하게 메타인지 면에서 착각을 일으킨다.

사실 내가 한국에서 가장 의아하게 생각했던 것 중 하나는 학생들이 토론 혹은 그와 비슷한 학습 방법을 거치지 않고도 많은 성과를 낸다는 점이었다. 하지만 얼마 지나지 않아 성과의 이유가 객관식 위주의 시험에서 비롯됨을 알게 되었다. 학생들 입장에서 객관식 시험은 수업 내용을 완전히 이해할 필요가 없는 시험 형태다. 정답만 외우거나 근사치에 가까운 답만 고르면 되는 것이다.

선생님이 주도적으로 수업을 이끄는 것을 나쁘다고만은 할 수 없다. 그러나 새로 배우는 지식을 장기 기억에 저장하려면 학생은 반드시 수업 내용을 스스로 생각하고 토론하고 정리하는 시간을 가져야 한다. 앞서도 언급했듯 학습 목표가 단지 학교 시험에서 좋은 성과를 거두는 것이라면 단기 기억 향상을 위한 학습이어도 상관없다. 아이들 입장에서도 장기 기억을 위한 과정보다 단기 기억을 위한 과성이 더 편할 것이다. 하지만 목표가 장기 기억력을 높이는 것에 있다면 다양한 맥락에서 토론하고 설명하는 경험, 즉 학습한 정보를 온전히 자기 것으로 만드는 과정은 반드시 필요하다.

5

벼락치기 vs.
분산 학습

학습에서 장기 기억이 목표일 경우, 단기 기억으로 좋은 성과를 거두는 것은 그리 좋은 경험이 아니다. 부모와 아이 모두에게 메타인지 면에서 큰 착각을 불러일으키기 때문이다. 아이가 짧은 시간에 쉬지 않고 많은 것을 암기하는 일명 '벼락치기cramming'로 좋은 성적을 받았다고 가정해보자. 그 순간 부모는 '우리 아이가 정말 노력하더니 그만큼 좋은 성적을 거뒀구나'라는 착각에, 아이는 '나는 정말 공부 잘하는 아이구나'라는 착각에 빠진다. 벼락치기를 통해 좋은 성적을 받으면 아이는 밤을 새며 공부하는 방식에 익숙해진다. 이러한 과신은 중간고사를 앞둔 아이에게 '밤을 새워 공부해야 한다'는 판단을 내리게 한다.

그런데 벼락치기도 항상 효과를 볼 수 있는 공부 방법이 아니다. 그 이유 역시 '기억'에 있다. 밤을 새며 공부하던 아이들도 동이 틀 무렵 컨디션을 위해 한두 시간쯤 눈을 붙인다. 짧은 단잠을 자고 일어난 아이는 과연 자신이 공부했던 내용을 얼마나 기억할 수 있을까? 밤을 새며 공부한 시간과 시험 보는 시간 사이의 간격이 길지 않으니 단기 기억 속에서 문제의 답을 불러오기 쉬울까?

안타깝게도 전혀 그렇지 않다. 우리의 예상과 달리 단기 기억에서 학습한 내용을 불러오는 연습을 해보지 못한 탓에 아이들은 자신이 공부했던 내용을 잘 떠올리지 못한다. 실제로 나는 시험을 치른 학생들 중 몇몇이 "도저히 이해할 수가 없네. 내가 얼마나 열심히 공부했는데 어떻게 하나도 기억이 안 날 수 있는 거지? 오늘 새벽에는 분명 다 아는 것 같았는데"라고 이야기하는 경우를 종종 보곤 한다.

여기에서 우리는 앞서 설명했던 두 가지 착각을 발견할 수 있다. 하나는 단기 기억을 위한 공부 과정에서 '나는 학습 내용을 모두 이해했다'고 느끼는 것이고, 다른 하나는 '나는 이미 다 알고 있는 내용이니 굳이 복잡하고 어려운 방법으로 이해하며 공부할 필요가 없다'고 착각하는 것이다. 다시 한 번 강조하지만 전이-적합 처리 과정은 학습에서 매우 중요하다. 단기 기억을 통해 좋은 성과를 거둔 아이라 해도 맥락이 바뀐 장기 기억에서의 성과까지 좋다고 보장할 수는 없다.

벼락치기와 반대되는 학습 방식이 바로 '분산 학습^{spacing}'이다. 분산 학습은 짧은 내용을 긴 시간 동안 분할하여 꾸준히 학습하는 방식이다. 한 학기 동안 매일매일 몇 십 분씩 꾸준하게 공부하는 것이 그 예에 해당한다.

통합적 사고를 기르는 학습 방식은 따로 있다

초등학생이 수학을 배우는 과정을 생각해보자. 아이는 이제 막 '2+2=4'와 같은 덧셈을 배웠다. 숙제와 문제집을 통해 문제 풀이 속도가 빨라지고 정답률도 점차 높아지면 아이는 자신의 수학 실력을 과신하게 된다. 어느덧 기계적으로 단순 암산까지 가능해지고 나면 과거에 비해 상대적으로 덧셈이 쉽다고 느낀다.

이때 뺄셈의 개념을 가르치면 아이는 덧셈을 배우기 전보다는 전문적인 수준, 즉 풀이 속도가 빠른 수준이 되었기 때문에 약간의 사후과잉확신편향을 갖는다. 덧셈을 배울 때의 경험으로 '빠르게 문제를 풀고 실수하지 않는 것이 전반적인 학습에 좋다'는 메타인지 판단을 하는 것이다. 곱셈이나 나눗셈을 배우는 과정에서도 마찬가지다.

하지만 아이의 진정한 메타인지 능력은 단순 계산이 아닌 문제 해결력, 즉 문제 해결에 필요한 방법을 생각해내는 힘으로 판단돼야 한다. 예를 들어 아이가 생일 파티를 하기 위해 다섯 명의 친구를 집으로 초대했다. 아이는 피자를 시켜 친구들과 나눠 먹으려 한다. 한 판의 피자는 보통 여덟 조각으로 나뉘어 있다. 그 자리에 모인 아이들이 각자

두 조각의 피자를 먹고 싶어 한다면 총 몇 판의 피자를 시켜야 할까?

이는 단순한 덧셈과 나눗셈, 즉 기계적 작업이 아닌 이해와 응용의 영역에 속하는 문제다. 때문에 지금까지 아무 의미 없이 기계적으로 사칙연산을 학습해온 아이들은 이 문제의 풀이 방법을 모른다.

이런 점을 보완하기 위해 연구자들은 통합적 사고를 기르는 학습 방식을 연구했다. '통합적 사고 학습'은 분산 학습과 비슷한 개념인데, 무작정 공식을 암기하는 게 아니라 다양한 맥락에서 여러 가지 공식을 적용시켜 아이의 이해와 응용력을 높여준다.

그러던 중 한 연구진은 대부분의 수학 교과서가 '벼락치기가 가능한 학습'을 촉진시킨다는 사실을 발견했다. 일반적으로 수학 교과서는 '단원'을 통해 각각 독립적인 내용으로 구성되어 있다. 이전 단원에서 배운 내용을 기억하지 못해도 해당 단원에서 배운 수학적 개념만 사용하면 충분히 문제를 풀 수 있는 구조다.

연구자들은 여러 수학적 개념이 혼합된 방식의 '통합 문제'가 정말 학습에 도움이 되는지 확인하기 위해 벼락치기가 가능한 문제와 통합 수학 문제를 학생들에게 제시했다. 실험 결과 학생들은 벼락치기형 문제보다는 통합형 수학 문제를 더 어렵게 느끼지만, 후자를 풀었을 때 장기 학습의 결과가 더 좋은 것으로 나타났다.

통합적 사고 학습 방식은 단순한 기계식 학습보다 많은 실패를 요구한다. 그리고 당연히 더 많은 시간을 필요로 한다. 현실적으로 지루하고 어렵게 느껴지는 이 과정을 선호하는 부모와 아이는 많지 않다.

그러나 이런 실패를 견디지 못하고 주저앉아버리면 메타인지 근육은 약해질 수밖에 없다.

나는 매 학기 초반 학생들에게 다음과 같은 이야기를 한다. '벼락치기보다 분산 학습이 좋으니 매일 몇 분씩이라도 공부하라고, 그렇게 하면 시험 전날 밤을 샐 필요도 없을 뿐 아니라 오랫동안 기억할 수도 있다'고 말이다. 그러나 너무 바쁜 학생들은 많은 공을 들여야 하는 분산 학습을 연습조차 하지 않으려 한다. 이럴 때 나는 현실과 타협하기 위해 다음과 같이 이야기한다.

"분산 학습이 좋긴 하지만 현실적으론 어려운 방법이란 것도 잘 알아. 내일이 시험인데 이번 학기 동안 공부를 하나도 안 했으면 오늘 밤이라도 새서 공부하렴. 벼락치기라도 최선을 다하란 이야기야. 다만 이번에 높은 점수를 얻었다 해도 너희가 똑똑하다는 착각은 하지 않았으면 좋겠어. 그렇게 배운 지식은 곧바로 잊히기도 쉬우니 말이야."

6

좋은 성취가
좋은 머리를 이긴다

나는 아주 어린 시절부터 '커서 뭐가 되고 싶냐'는 질문에 항상 '할머니가 되고 싶다'고 대답했다. 유치원 시절, 내 꿈을 들은 친구 한 명은 '할머니가 되려면 먼저 엄마가 되어야 한다'는 아주 현실적인 대답을 해주었다. 그날 이후 나는 크면 꼭 엄마가 되고 싶었다. 그리고 선생님도 되고 싶었다. 성인이 된 후 내가 왜 그런 꿈들을 가졌는지 곰곰이 생각해봤다. 어린 나이지만 엄마와 선생님이 '누군가에게 무언가를 가르칠 수 있는 가장 좋은 모델'이라고 판단했던 듯싶다. 그리고 나는 지금 어린 시절 꿈을 모두 이룬 행복한 어른이 되었다.

자신의 꿈을 찾는다는 게 말처럼 쉬운 일은 아니다. 어떤 엄마가 될지 어떤 선생님이 될지는 오로지 내가 결정할 몫이었고 그건 무척이나 어려운 일이었다. 특히 어떤 엄마가 될 것인가에 대해서는 지금도 매일 고민 중이다. '엄마'라는 전공이 따로 있는 것이 아니기에 배우는 것도 참 어렵다.

그럼에도 나는 비교적 행운아라 할 수 있다. 대학교에 '엄마'라는 전공은 없었지만 대신 심리학을 전공하며 많은 연구를 접할 수 있었고, 여러 연구 결과를 바탕으로 내 아이들의 발달 과정을 유심히 지켜볼 수 있었다. 이 과정은 '어떤 엄마가 될 것인가?'라는 질문에 대한 답을 얻게 해주었다.

특히 메타인지를 공부하면서 나는 몇 가지 중요한 깨달음을 얻었다. 그중 하나는 아이의 성격과 성향에 따라 학습 방법의 효율성이 다를 수 있다는 사실이다. 심리학에서 아무리 좋은 학습 방법을 제시해도 우리 아이와 맞지 않는 방법인 경우가 많았다.

아이를 양육할 때 부모가 선택할 수 있는 가장 쉬운 방법은 아이의 생각과 성향을 무시하고 다수의 부모가 선택한 길을 따르는 것이다. 그런데 안전하게 보이는 그 길이 정말 좋은 길일까? '선택의 길'에 대해 생각할 때마다 내게 떠오르는 한 가지 실험이 있다.

실험자는 피험자를 '초보자 집단'과 '전문가 집단'으로 분리한 뒤 두 집단 모두에게 물리 문제를 출제했다. 단, 본격적인 문제 풀이에 앞서 양쪽 집단 모두에게 정답의 범주화를 요구했다. 초보자든 전문가든 범주화를 하려면 문제를 제대로 이해해야만 한다. 실험 결과, 양쪽 집단 모두 비슷한 범주화를 도출했지만 범주화하는 시간에서 차이를 보였다. 아이러니한 것은 전문가 집단이 초보자 집단보다 범주화에 조금 더 긴 시간이 걸렸다는 점이다.

이런 결과가 나온 이유는 정답을 찾는 과정 혹은 방법 때문이다. 초보자들은 대개 정답은 하나로 정해져 있다고 생각한다. 그래서 낯설고 복잡하고 어려운 다른 길을 찾기보다는 익숙하고 쉬운 '하나의 길'을 선택한 뒤 목표를 향해 빠르게 뛰어간다.

반면 전문가들은 여러 가지 경우의 수를 생각하며 이것저것 비교한다. 비교를 통해 잘못된 길, 오류가 생기는 길, 목적지에서 벗어난 길을 하나씩 제외해나가는 것이다. 정답도 하나, 목적지에 도달하는 길역시 하나라고 생각하는 사람은 그 누구보다 빨리 목표 지점에 도착할수 있다. 하지만 잘못된 길을 선택하면 그 결과는 치명적이다.

아이의 적성을 찾는 가장 좋은 방법

선택의 길을 우리의 교육과 비교해보자. 한국의 부모는 자녀가 하루빨리 자신의 길을 찾아야 한다고 생각하는 경향이 강하다. 자유전공학부(적성 탐색을 위해 전공을 정하지 않고 입학해서 어느 정도의 시기를 보낸 뒤 일정 시점에 원하는 전공을 택하는 제도)를 선택하지 않는 이상 미리 전공을 골라야 하고, 특목고 진학을 위해 중학교 때부터 진로를 결정하는 경우도 있으니 그럴 만도 하다. 그렇다고 정보와 경험이 턱없이 부족한 아이가 스스로 진로를 결정할 수도 없다. 이에 부모가 아이 대신 진로를 결정하거나 아이의 결정에 깊이 개입하여 양쪽 모두 엄청난 스트레스를 받기도 한다.

목적지가 어디든, 혹은 무엇이든 '도착은 곧 성공'이라는 착각을 나 역시 해본 바 있다. 하지만 앞에서 이야기했듯 길이 단 하나밖에 없다는 생각은 매우 위험하다. 아이가 예상보다 빨리 목적지에 도착했지만 애초 예상했던 결과를 얻지 못하거나, 정작 자신이 도착한 목적지를 마음에 들어 하지 않으면 어떻게 할 것인가? 시간과 노력은 물론 경제적으로도 이미 너무 많은 투자를 한 아이에게 다른 목표를 설정하라고 할 것인가? 뒤늦게 부모가 다른 길을 제시하더라도 아이는 지금까지 걸어온 길을 쉽게 포기하지 않는다. 처음부터 다시 시작하자니 다른 친구들에게 뒤처질 것 같고, 초등학생부터 대입까지 12년을 달려온 노력이 아까워 어떻게든 버텨내려고 할 것이다. 내 아이가 그와 같은 길을 가길 바라는가?

아이의 적성을 찾는 가장 좋은 방법은 아이에게 많은 경험을 선사하는 것이다. 자기가 무엇을 좋아하고 싫어하는지, 어떤 것에 몰입하고 높은 집중력을 보이는지 등은 직접 경험해보지 않으면 알 수 없다. 문제는 아이의 성적과 부모의 불안감이다. 공부 외의 다양한 경험이 아이의 성적을 올려주진 않기 때문이다.

그럼에도 나는 여러 경험을 쌓으려는 노력이 궁극적으로는 성공적인 학습을 도와준다고 믿는다. 교포인 아이들을 키우면서 이를 더 크게 깨닫게 된 것 같기도 하다. 내 아이들은 미국에서 성장했지만 유치원에 들어가기 전까진 영어를 거의 구사하지 못했다. 학교에 입학하면 영어는 어쩔 수 없이 배워야 하니 그 전까진 모국어를 제대로 배우게 하고 싶었다. 이런 나와 아이들에게 주변에서는 우려의 시선을 보내며 경쟁에서 뒤처지거나 학교에서 소외당할 수 있다고 걱정했다. 나 역시 그런 불안감에서 자유로울 순 없었다. 하지만 학습 목표가 성적에 있진 않으니 '내 선택에 자신감을 가지자'며 스스로를 독려했다. 딸 세린이가 초등학교 2학년이 되었을 무렵, 나의 선택에 더욱 확신을 갖게 된 계기가 생겼다.

성취동기는 어떻게 만들어지는가

당시 세린이는 영어에 어느 정도 익숙해지긴 했지만 말이 많지 않은 조용한 아이였다. 다른 아이들과 비교하면 자신감도 낮아 보였다. 그러던 어느 날 딸아이의 학교 선생님을 만났는데 내 생각과 전혀 다른 이야기를 들려주었다.

수업 시간 선생님은 아이들에게 친척이나 친구로부터 편지의 답장을 받아오라는 과제를 내주었다고 한다. 딸아이는 한국에 있는 친척 언니에게 편지를 썼고 한글로 된 답장을 받았다 한다. 선생님도 평소 조용한 딸아이의 성격을 아는지라, 집에서 엄마의 도움을 받아 편지의 내용을 영어로 번역한 뒤 친구들 앞에서 읽어보라고 권하셨다. 하지만 아이는 선생님에게 "제가 번역할 수 있어요"라고 이야기하더니 친구들 앞에서 한국말로 한 줄, 영어로 한 줄 번갈아 번역하며 편지를 읽어 내려갔다는 것이다.

그 전까지는 대체적으로 교실에서 영어 외 다른 언어를 사용하는 것을 다소 부끄러워했는데 그 일 이후로 러시아어나 중국어 등 자기 모국어를 열심히 공부하겠다는 친구들이 생겼다고 선생님은 말씀하셨다. 내가 전혀 상상하지 못했던 아이의 모습을 보며 나의 불안도 어느 정도 사라졌다.

과거 주변 사람의 불안에 동조되어 내가 아이를 한 길로 몰아넣었다면 어떻게 되었을까? 나도 모르게 내 불안을 아이에게 전달시켰다면 또 어떻게 되었을까? 상상하기도 싫지만 분명 지금과 전혀 다른 결과를 가져왔을 것이다. 우리 아이들에게는 공부 말고 너무도 많은 길이 있다. 그리고 다양한 성취를 경험한 아이는 결국 학습에서도 좋은 결과를 얻어낸다. 좋은 성취가 좋은 머리를 이기는 셈이다.

7

무엇이 우리 아이의 메타인지를
가로막는가?

한국의 수많은 대학생이 교환학생 자격으로 미국에 온다. 나는 우리 학교로 오는 한국 학생들과의 만남을 좋아하는데, 이 친구들에게서 자주 듣는 말이 하나 있다. 자기는 한국에서 공부를 꽤 잘했는데 미국에 와서 생전 처음으로 '어려운 사고 과정'을 거쳤다는 것이다. 더불어 공부가 이렇게 재미있다는 사실도 처음 느꼈다고 고백한다.

아이들이 공부가 힘들다고 착각하는 이유는 '경쟁에서 뒤처지면 안 된다'는 생각 때문이다. '다른 사람들은 막힘없이 앞으로 나아가는데 나는 왜 잘하지 못할까?' 같은 비교가 스스로를 힘들게 만든다. 학습에는 반드시 어려운 단계가 포함되어 있고, 사람마다 어렵게 느끼는 부분은 각기 다르다는 사실을 인정해야만 한다. 그런데 이게 말처럼 쉽지가 않다.

스도쿠Sudoku라는 퍼즐이 유행할 당시 나는 가족과 친구 모임에 꽤 난이도가 높은 스도쿠를 가져갔다. 모임에 참석한 이들에게 스도쿠를 나눠주고 게임을 시작하려는 순간, 나를 제외한 모두가 이 게임의 규칙을 모르고 있다는 사실을 알게 되었다. 나는 천천히 게임의 규칙을 설명했고, 잠시 후 규칙을 이해한 오빠는 '풀이가 쉽지 않겠다'는 말과 함께 문제에 집중하기 시작했다. 순간 재미있는 사실을 하나 깨달았다. 게임에 참가한 사람 중 오빠를 제외한 그 누구도 규칙에 따라 문제를 풀지 않고 있었던 것이다. 스도쿠의 본래 규칙에 따라 퍼즐을 풀려는 사람은 오빠가 유일했다.

게임의 룰을 전혀 이해하지 못한 상태에서 빠르게 빈칸의 숫자를 채우고 있는 친구가 눈에 띄어 재차 규칙을 설명하려 했지만 이마저도 거절당했다. 누구보다 빨리 문제를 풀어야 한다는 생각에 빠진 사람들에게 게임의 규칙은 중요하지 않았다. 누구도 승리를 강요하지 않았지만 그들만의 속도전은 이미 시작되었고, 실내는 어느새 사람들이 내뿜는 스트레스와 긴장으로 가득 찼다. 우리는 여기서 스도쿠가 친목 도모를 위한 단순한 게임일 뿐 심리 실험이나 학교 시험이 아니었다는 사실을 기억해야 한다.

결과적으로 많은 사람이 오빠보다 먼저 퍼즐 숫자를 채워나갔지만,

결국 퍼즐을 가장 먼저 완성한 사람은 게임 시작 전 '쉽지 않겠다'고 이야기했던 오빠였다.

우리 아이들이 자유로워지는 법

어느 정도의 스트레스와 긴장은 분명 학습에 도움이 된다. 하시만 스트레스에 매몰되어 중요한 학습 목표를 잊어버리는 것은 큰 문제다. 아이들에게 도전 정신을 심어주고 전문적인 지식을 갖추게 만드는 한국 교육법에는 분명 장점이 많다. 특히나 수학과 과학은 세계적으로 인정받을 정도로 그 실력이 우수하다. 다만 아이들이 속도에 집착해 쉬운 방법만 찾고, 제대로 이해하지 못하면서도 다음 단계로 넘어가는 게 걱정스러울 뿐이다.

너무 타인의 시선을 의식하는 것도 문제다. 한국 아이들은 수업시간에 질문을 던지지 못하고 자신의 생각을 제대로 전달하지 못한다. '다른 사람은 내 질문이나 발표를 어떻게 생각할까?'라는 두려움이 아이들의 입을 다물게 만드는 것이다.

타인의 시선이나 평가에 대한 두려움은 비단 한국 아이들만 갖는 문제는 아니다. 오죽하면 '군중 앞에서 이야기하는 것은 사람들에게 가장 큰 공포로 간주된다. 사람들은 장례식에서 추도를 하는 것보다 차라리 관에 들어가는 편을 선호한다'라는 이야기가 있겠는가.

토론식 수업을 주로 하는 미국이지만 미국 아이들 역시 질문을 어럽게 느낀다. 다만 한국과 차이가 하나 있다면, 수업 시간 선생님들이 '궁금한 게 있으면 꼭 물어보라'고 얘기해준다는 것이다. 이때 '네가 이해를 못했으면 다른 친구들도 이해하지 못했을 확률이 높다'는 말도 덧붙인다. 이런 말을 들은 아이들은 어렵지만 조금씩 용기를 내어 손을 든다. 나도 어린 시절에는 용기가 없었기에 앞에 나서서 질문하기보다는 친구들이 하는 질문에 집중하고 그 답변을 이해하고자 노력했던 기억이 있다.

아이들에게 질문을 할 수 있는 용기를 줄 사람은 부모밖에 없다. 아이의 학습 긴장과 스트레스를 읽어내주고 보살펴주며 충분히 잘하고 있다고 느려도 괜찮다고 너의 생각은 무엇이냐고 끊임없이 부모가 이야기하면 성적이라는 목표 지향과 타인의 시선에서 우리 아이들도 어느 정도 자유로워질 수 있지 않을까 한다.

메타인지를 방해하는 세 번째 착각,

실패 없는 길이
좋다고
생각한다

success fail success fail

1

기계도
메타인지가 있을까?

앞에서 '천재는 시행착오를 겪지 않기 때문에 메타인지를 키우기 어렵다'고 이야기한 바 있는데, 같은 이유로 메타인지를 키우지 못하는 존재가 또 하나 있다. 바로 기계다. 가령 친구에게 전화를 해야 하는데 핸드폰이 작동하지 않으면 우리는 답답해하며 짜증을 낸다. 너무 화가 나면 핸드폰을 던져버리기도 한다. '기계는 실수하지 않는다'는 믿음이 깨져버린 것에 대한 화풀이다.

한국의 대학교에서 강의를 할 때, 청강하는 고등학생들이 있었는데 아이들은 '공부하는 기계밖에 안 되는 자신의 삶'에 대한 괴로움을 토로했다. 대화 도중 스트레스를 감당하지 못해 울음을 터뜨리는 학생도 꽤 많았다.

많은 부모가 오지 않은 내일의 행복을 위해 아이들이 오늘을 희생하는 게 당연하다고 생각한다. 아이들이 학교와 학원 숙제에 짓눌리고 성적에 쫓겨도 내일의 행복을 위해 참아야 한다고 이야기한다. 그런데 지금 행복하지 않은 아이가 커서 행복할 수 있을까? 행복이라는 감정 자체를 느껴본 적 없는 아이가 성인이 된들 무엇으로 행복감을 느낄 수 있을까. 지금 당장 먹고사는 것을 걱정해야 하는 것도 아니고, 지구 종말을 걱정해야 하는 것도 아닌 우리 아이들이 행복하지 않을 이유가 도대체 무엇인지 나는 정말 모르겠다.

아이의 행복을 바란다면 부모 자신이 좋아하고 원하는 것이 아니라 아이가 좋아하고 원하는 일을 찾아야 한다. 오롯이 성적이 아닌 아이가 꾸는 꿈에 다다를 수 있는 공부를 시작할 수 있도록 도와주어야 한다. 그렇지 않으면 아이들은 자기 자신을 공부하는 기계라고 생각할 수밖에 없다.

한국 보습학원의 광고 문구들을 보면 '빠른' '쉬운' '실패 없는' '단 하나의' '절대적인' 등의 단어가 많이 등장하는데, 이는 모두 기계를 묘사하는 단어다. 모든 아이는 천재가 될 수 없다. 아이들은 실패와 실수를 거듭하며 배우고 학습하며 성장한다. 혹 부모인 우리가 실수나 실패를 반복하는 아이들을 먹통인 핸드폰처럼 여기고 있는 것은 아닐까? 내 아이가 기계처럼 한 치의 오류 없이 돌아가길 바라고 있는 것은 아닐까? 이러한 부모의 생각이 전달되어 아이들이 자신을 기계라고 느끼는 것은 아닌지 돌아볼 문제다.

인간과 기계의 결정적 차이를 만드는 그것

인지심리학이 인기를 얻기 시작했을 당시 연구자들은 인간을 '기계'와 같은 아날로그적 존재로 여겼다. 인간의 기억을 부호화^{encoding}하고 인출^{retrieval}하는 것을 컴퓨터의 입력^{input}과 출력^{output}에 대응하여 생각하거나 기억에 대한 계산적 모델들을 그려보기도 했다.

1950년 영국의 수학자·논리학자인 앨런 튜링^{Alan Turing}은 〈계산기계와 지성^{Computing Machinery and Intelligence}〉이라는 논문에서 기계(컴퓨터)가 사람처럼 사고할 수 있다는 견해를 제시했다. 그는 이 논문을 통해 기계와 대화를 나눈 사람이 자신이 대화를 나눈 상대가 기계인지 알아채지 못하면 기계도 사고^{思考}할 수 있는 것으로 간주해야 한다고 주장했다. 튜링은 현재 인공지능 연구에서 컴퓨터의 독자적 사고 여부를 판별하는 주요 기준으로 널리 인정받고 있는 튜링 테스트^{Turing test}의 창시자이기도 하다.

'인간의 인지를 모방한 기계가 인간과의 게임에서 승리한다면, 기계의 인지가 사람의 인지와 유사해졌다고 말할 수 있지 않을까?' 이러한 생각을 기반으로 1991년 이후 과학자들 사이에서는 매년 흥미로운 튜링 테스트가 벌어졌다.

미국의 유명한 발명가 휴 뢰브너$^{Hugh\ Loebner}$와 케임브리지행동연구센터$^{Cambridge\ Center\ for\ Behavioral\ Studies}$가 공동으로 제정한 '뢰브너 상$^{The\ Loebner}$'은 매년 개최되는 채터봇^{Chatterbot}(음성이나 문자를 통한 인간과의 대화를 통해서 특정한 작업을 수행하도록 제작된 컴퓨터 프로그램) 대회로 뢰브너 상 역시 튜링 테스트를 기반으로 한다.

대중에게 인공지능에 대한 본격적인 관심을 불러일으킨 것은 1996년 체스 챔피언 가리 가스파로프$^{Garry\ Kasparov}$와 체스 게임에서 승리한 로봇 딥 블루$^{Deep\ Blue}$고, 현재 가장 세계에서 유명한 인공지능은 2015년 바둑으로 이세돌 9단을 이긴 알파고^{AlphaGo}다.

딥 블루와 알파고를 보면 인지적인 면에서 기계가 인간보다 뛰어난 수행 능력을 보이는 게 분명함을 알 수 있다. 단순히 계산기만 봐도 인간의 능력을 훨씬 앞서지 않는가. 그렇다고 계산기가 사람보다 똑똑하다고 여기는 사람이 있는가? 이런 질문에는 쉽게 답하기 힘들 것이다.

많은 이들이 기계가 인간보다 똑똑해질 것을 우려한다. 미국 작가이자 스릴러 소설의 거장인 스티븐 킹$^{Stephen\ King}$ 또한 '이러한 속도로 기계가 발전하면 인간의 시대는 끝난다'고 말한 바 있다. 하지만 내 생각은 조금 다르다. 이런 발상 역시 토끼와 거북이의 경주를 비교하는 것과 비슷하다. 메타인지적 관점에서 봤을 때 기계와 인간은 비교 자체가 불가능하다. 애초 사람은 기계처럼 실수 없이 행동하는 게 불가능하기 때문이다.

2011년 IBM이 만든 로봇 왓슨^{Watson}이 '제퍼디^{Jeopardy}'라는 TV 게임

프로그램에 출연했다. '제퍼디'는 진행자가 문제를 제시하면 총 세 명의 경쟁자가 버튼을 눌러 문제의 정답을 맞히는 퀴즈쇼다. 왓슨은 이 프로그램에서 두 명의 경쟁자(사람)를 누르고 승리를 거뒀다. 그런데 왓슨이 퀴즈쇼에서 승리했다는 사실만으로 왓슨의 메타인지가 다른 경쟁자보다 높다고 이야기할 수 있을까? 나는 그렇지 않다고 생각한다. 왓슨과 경쟁사의 결정적 차이는 버튼을 누르는 속도에서 비롯됐기 때문이다.

왓슨은 문제가 제시됨과 동시에 버튼을 누른 반면 나머지 두 사람은 버튼을 누르기까지 몇 초의 시간이 걸렸다. 아마도 두 사람이 메타인지를 사용한 시간만큼 버튼을 누르는 시간도 늦어졌을 것이다. 이것이 인간과 기계의 결정적인 차이가 아닐까 싶다. 실수나 실패할 가능성을 인지한 인간이기에 빠른 속도가 승부를 결정하는 조건에서는 로봇에게 질 수밖에 없는 것이다.

2

아이의 언어 능력은
무한하다

나는 어린 시절 미국에서 한국어를 배운 탓에 지금도 한국어 실력이 많이 부족하다. 지금이야 모르는 부분은 물어보고 잘못된 부분은 수정하면 된다고 생각하지만 어린 시절의 나는 언어에 대한 두려움이 꽤 큰 편이었다. 특히 교포들과 모국어로 대화를 나눌 때면 '내 발음이 이상하게 들리면 어떡하지?' '내 말을 못 알아듣는 건 아닐까?' '내가 바보처럼 보이면 어쩌지?' 하는 걱정에 입을 닫아버릴 정도였다. 하지만 나이를 먹으며 그런 두려움도 조금씩 줄어들었고 내가 가지고 있던 발음과 문맥, 어휘 등의 오류는 수많은 대화를 통해 정정됐다. 그 과정에서 내가 무엇을 알고 무엇을 모르는지 확실하게 깨달았지만, 사람들 사이에서 순간순간 느꼈던 부끄러움과 당혹감은 여전히 기억에 남아 있다. 이런 경험 덕분에 나는 한국 아이들이 영어 앞에서 위축되는 심정을 누구보다 잘 이해한다.

한국 아이들은 초등학교 시절부터 대학 졸업까지 거의 20여 년 동안 영어를 공부하지만 영어로 말하는 것을 부끄러워하는 학생들은 여전히 많다. 시험에 출제되는 문법 위주로만 공부한 결과다. 한국의 교육 문화는 회화를 통해 실전 영어를 익힐 수 있는 기회, '말하는 것을 학습할 기회'를 아이들에게 주지 않는다. 오죽하면 아이들이 '학교가 아닌 미드를 통해 회화를 배웠다'고 말하겠는가. 언젠가 방탄소년단의 한 멤버도 인터뷰에서 미국의 TV 시트콤인 '프렌즈*Friends*'를 보며 영어를 배웠다고 이야기했는데, 아마도 이렇게 말하는 사람들은 영상물만 시청한 것이 아니라 학원 또는 스터디그룹을 통해 실제로 '말하는 법'을 익혔을 확률이 높다. 단지 영상물을 보는 것만으로는 '회상 연습'이 되지 않기 때문이다.

나의 한국어 실력 역시 한국 드라마를 보고 내용을 이해하는 데는 전혀 문제없지만, 한국 친구들과 대화를 나눌 때면 이야기는 달라진다. 내가 잘못 알고 있는 단어나 발음, 뜻 등을 대화의 문맥과 단락에 맞춰 끊임없이 유추하며 회상해야 하는 탓이다. 이 과정에 뜻하지 않은 실수를 하는데 이런 실수를 자주 하는 것이야말로 언어 능력을 높이는 지름길이다.

실수를 두려워하지 않는 힘

내 어린 시절의 경험을 하나 예로 들어보자. 미국에서는 바나나를 '버내너'라고 발음한다. 하지만 미국으로 이민 온 한국인 부모 아래서 성장한 나는 어린이 집에 입학하기 전까지 '버내너'라는 발음을 들어 보질 못했다. 당시 내 주변 사람 모두 '바나나'라고 발음했던 것이다. 그런데 어린이집에서 만난 미국인 친구들은 바나나라고 발음하는 나를 놀리기 시작했다. 이런 경험이 반복되면서 나는 미국 사람들 앞에서 영어로 말하는 것이 두려워졌다. 사람들 사이에서 안전하기 위해 나는 아예 말을 하지 않는 방법을 선택했고 그 결과 '영어를 못하는 아이'라고 인식되기까지 했다.

한국인을 만나면 한국어 단어를 잘못 발음할까봐, 미국인을 만나면 영어 단어를 잘못 발음할까봐 나는 점점 말수가 없는 아이가 됐다. 말 많기로 유명한 지금의 나를 아는 사람들은 쉽게 상상할 수 없는 모습이지만 두려움이 어린 나를 그렇게 만들었다. 하지만 덕분에 바나나라는 단어를 잊지 않을 수 있었으며 바나나, 배터리 등 영문을 그대로 사용하는 단어도 한국에서는 미국과 다른 발음으로 표현된다는 사실도 알게 됐다. 당시 내가 말실수를 두려워하지 않았다면 지금보다 훨씬 안정된 한국어를 구사할 수 있지 않았을까? '말실수를 두려워하지 않는' 우리 아들을 보면 더욱 그런 생각이 든다.

어린이집에서 하원하는 아들을 차에 태우고 집으로 돌아오던 때의 일이다. 아들은 차에 타면 습관처럼 "엄마, 이쪽으로 가면 집이 나와?"

라고 묻곤 했다. 그러던 어느 날, 새로운 단어가 생각난 모양이다.

"엄마, 이 방하…. 아니, 잠깐만 엄마. 대답하지 마!"

아이는 자신이 원하는 단어를 생각해내기 위해 "잠깐만, 엄마!"라는 말을 스무 번쯤 반복했다. 그러더니 끝내 "엄마, 이 '방향'이 우리 집으로 가는 방향인가?"라고 이야기했다. 나는 그런 아들을 아무 말 없이 바라보고 있었다. 아이가 분명하게 내 대답을 원치 않는다는 제스처를 취했기 때문이다.

"엄마, 왜 대답 안 해?"

"아, 질문 다 했어?"

"응, 엄마. 이 방향이 우리 집으로 가는 방향이야?"

"응, 이 방향이 우리 집으로 가는 방향이야."

'방향'이란 한국어 단어는 내가 아이에게 가르쳐준 적 없는 데다 평소 잘 쓰지 않는 것이기도 했다. 그 단어를 어디에서 들었는지 모르겠지만 아이는 반복되는 '실수 학습'과 '회상 연습'을 통해 '방향'이라는 단어를 완벽히 자기 것으로 만들어냈다. 그 순간 나도 한 가지를 깨달았다. 아이들은 언어 습득력이 빠를 뿐 아니라 스스로 언어를 학습할 수 있는 인지 능력이 있다는 사실이다.

많은 사람이 성인의 인지 능력은 아이들보다 뛰어나다고 생각한다. 아예 틀린 생각은 아니다. 다만 아이들에게는 성인을 능가하는 인지 영역이 있는데 그것이 바로 언어 영역이다. 이를 증명하는 실험을 하나 살펴보자.

스스로 언어를 창조해낸 니카라과의 아이들

중남미 국가인 니카라과에는 1970년대 이전까지 청각장애인을 위한 학교가 없었다. 이들을 가르치는 선생님도 없었기에 청각장애를 가진 대부분의 아이들은 읽기와 쓰기를 배우지 못했다. 그러던 중 1977년 청각장애아들을 위한 기술학교가 설립됐다. 하지만 이 학교에서도 아이들에게 수화를 가르쳐줄 사람은 없었다.

그런데 얼마 지나지 않아 놀라운 일이 일어났다. 아이들 스스로 손동작으로 규칙을 만들며 대화를 나누기 시작한 것이다. 아무도 수화를 가르쳐주지 않았고, 규칙과 법칙이 있는 것도 아니었으니 아이들의 대화는 엄청나게 많은 실패와 무수한 오해 속에서 이뤄졌을 것이다. 하지만 아이들은 끝내 자신들만의 새로운 언어를 만들어냈다. 어른의 가르침 없이 '니카라과 수화'를 만들어낸 것이다.

여기서 매우 중요한 현상이 하나 더 일어난다. 자체적인 수화를 만든 아이들보다 더 어린 아이들이 이 학교에 입학하면서 수화가 변화하기 시작한 것이다. 이 말은 곧 선배로부터 배운 언어를 어린아이들이 더 단순하고 효율적인 체계로 바꿔나갔다는 의미다.

니카라과 아이들은 필요에 따라 스스로 언어를 창조했고 이를 주도적으로 발전시켜나갔다. 시험이나 경쟁이 아닌 의사소통을 목표로 삼고 자신만의 언어를 만들어나간 것이다.

어린 시절부터 한국 아이들은 영어를 열심히 공부하지만 이상하게도 자신감이 없다. 의사소통이 아닌 성적을 목표로 하는 공부라 그런 것이 아닐까 싶다. 그런데 미국으로 이민 온 한국 아이들도 이와 비슷한 처지에 놓인다.

초등학생 때 미국에서 나는 '영어사전을 통째로 외우는 아이'에 대한 이야기를 정말 많이 들었다. 실제로도 주변에 영어사전을 통째로 외우는 똑똑한 아이가 얼마나 많은지 신기할 정도였다. 그도 그럴 수밖에 없는 것이 이민사 부모들은 무서울 정도로 아이의 영어 공부에 집착한다. 자신의 아이만큼은 완벽한 영어를 구사하여 주류 사회에 속하기를 바라는 마음 때문이다.

그런데 부모들이 언어에 대해 착각하는 것 중 하나가 바로 '단어의 양'이다. 부모들은 아이가 새로운 언어를 배울 때 단어를 많이 알면 그만큼 유리하다고 생각한다. 사전에 나오는 단어를 통째로 암기하면 어떤 종류의 시험도 잘 볼 수 있다고 믿는다. 하지만 앞서 가변성에 대해 이야기한 것처럼, 단어는 그 사람이 처한 상황이나 장소에 따라 얼마든지 다른 의미로 변할 수 있다. 언어를 잘하는 방법은 단순히 단어를 많이 아는 게 아니라 그 단어가 언제 어떻게 쓰이는지 문맥을 파악하는 것이다.

아이가 책을 읽으면 그 단어가 어떤 문맥에서 쓰이는지 파악하도록 유도하고 말하는 연습을 시키는 게 좋다. 책을 읽고 말하는 학습은 단순히 단어를 암기하는 것보다 훨씬 어렵고 복잡하다. 암기한 단어의 양으로 아이를 평가하면 아이는 자신이 영어를 잘한다고 착각하기 쉽고, 이 착각은 허위로 아이의 자신감을 상승시키기도 한다.

3

정답이 없어도
스스로 학습하는 아이들

나와 동생은 일곱 살 터울이다. 그 동생이 세 살 무렵의 일이다. 온 가족이 모여 식사를 하는데 말이 서툰 동생이 우물쭈물하기 시작했다. 제대로 표현하지 못하는 동생이 답답했던 나는 가끔 동생의 말을 가로막고 이를 대신해 주기도 했다. 그러던 어느 날, 자꾸 동생의 말을 가로채는 내 모습을 본 아버지께서 말씀하셨다.

"혼자서 이야기할 수 있도록 내버려두렴. 동생이 말하려고 노력하는데 왜 네가 급하게 끝내려고 하는 거니?"

아버지의 말에 나는 적잖은 충격을 받았다. 도와주려고 했던 나의 행동이 동생으로부터 배움의 기회를 빼앗고 있다는 뜻이었으니 말이다. 이 경험 덕분에 나는 꽤 어렸을 적부터 다른 사람이 단어를 잘못 말하거나 서툰 표현을 하더라도 스스로 정정할 때까지 기다릴 수 있게 되었다. 그 사람이 시행착오를 통해 발전할 수 있는 기회를 박탈하지 않으려고 노력했다.

이쯤에서 드는 한 가지 의문이 있다. 아이들은 정말 '정답 없이도' 언어 학습이 가능한 걸까? 이 질문에 대한 결론을 내리는 건 나 역시 쉽지 않다. 다만 이 질문에 대한 단서를 얻을 수 있는 실험이 하나 있어 소개하고자 한다.

연구자들은 비장애인 부모에게서 청각장애가 있는 아이가 태어났을 경우 아이가 어떻게 수화를 배우고 발전시켜나가는지 궁금했다. 그래서 부모가 수화를 알지 못하고 아이에게 정답을 가르쳐주는 사람이 없는 환경의 가정을 연구 관찰했다.

일반적으로 비장애인 부모가 청각장애가 있는 아이를 낳았을 경우, 부모는 아이와 소통하기 위해 급히 수화를 배운다. 하지만 성인이 되어 급하게 배운 수화가 완벽할 리 없다. 부모는 서툰 손짓으로 아이를 가르치며 대화를 나누고, 아이 역시 어설픈 수화로 부모와 대화를 한다. 그런데 연구 결과를 보면 '완벽한 수화를 본 적 없는 아이들' 모두 완성도 높은 수화를 구사하는 것으로 나타났다. 정답이 없어도 아이들 스스로 언어를 학습하는 것이다.

생각의 균형을 잡는 법

여담이지만 결혼 후 나는 우리 아이들이 어떤 방법으로 언어를 학습할지 매우 궁금했다. 순전히 심리학자로서의 호기심이었다. 더불어 '엄마로서 나는 아이들의 언어 학습을 어떻게 도와줘야 할까?'라는 고민을 했다. 오랜 고민의 시간 끝에 다음과 같은 결론을 내렸다. 아이들이 스스로 말할 수 있도록 최선을 다해 기다려주자고.

교포라는 특성상 우리 아이들은 어린 시절부터 영어와 한국어 모두를 사용해야만 했다. 이런 상황에서는 불안감 때문에 부모가 생각의 균형을 잡는 게 쉽지 않다. 일례로 아들은 한국어는 잘하는데 영어가 서툴다. 그런 아들이 영어 동화책을 보고 있으면 순간 내 머릿속에선 많은 생각이 든다. 한번은 '아이가 책의 내용을 쉽게 이해할 리 없으니 독서에 흥미를 잃을지도 모른다'는 불안감이 몰려왔고, 결국 조급한 마음에 영어를 한국어로 번역해 아이에게 읽어주기도 했다. 아이가 스스로 잡을 수 있는 균형을 엄마인 내가 먼저 방해했던 것이다.

설령 모르는 단어가 있더라도 그림이나 문맥을 통해 아이 스스로 그 내용을 유추할 수 있다. 완벽한 언어를 듣거나 보지 못해도 아이들은 충분히 학습할 능력이 된다. 니카라과 수화를 만들어낸 아이들이나 청각장애를 가진 아이들처럼 말이다.

부모가 아이들에게 해줘야 할 일은 반복된 실수로 의기소침한 아이가 포기하지 않도록 용기를 주고 다시 도전할 수 있는 환경을 만들어주는 것, 그것으로 충분하다.

"그래서 너는
어떻게 생각하는데?"

"엄마, 이건 왜 이런 거야?"

부모라면 누구나 엉뚱한 질문을 쏟아내는 아이에게 제대로 된 대답을 하기가 얼마나 어려운지 알 것이다. 쉬지 않고 물어오는 아이를 보면 '도대체 이런 건 왜 묻는 거야?'라는 생각도 들고, 두통을 느낄 정도로 골치가 아파오기도 한다. 하지만 이런 질문이 학습에는 매우 중요한 '열쇠'다. 아이들이 무언가에 궁금증을 갖는 게 바로 학습의 시작이기 때문이다.

아이가 만약 "엄마, 별의 무게는 얼마예요? 별은 무거울까요, 가벼

울까요?"라고 묻는다면 어떻게 대답할 것인가? 곧바로 스마트폰을 손에 쥐고 정답을 찾아 말해줄 것인가? 유튜브를 뒤적여 관련 영상을 보여줄 것인가? 아니면 "아빠에게 물어봐"라며 상황을 모면할 것인가?

이때 부모가 할 일은 단 하나다. 아이의 호기심을 유지시키면 되는 것이다. 정답을 말해주는 대신 "넌 어떻게 생각하니?"라고 질문을 되돌리기만 해도 아이의 '궁금한 상태'는 유지된다.

아이가 어린 시절에는 아이의 호기심을 유지해주는 부모가 많다. 하지만 초등학교만 입학해도 상황은 달라진다. 부모와 아이의 우선순위가 호기심과 궁금증이 아닌 학교 숙제와 성적으로 바뀌기 때문이다. 이제 부모들은 아이의 궁금한 상태를 기다려줄 심리적 여유가 없다. 아이의 의견이나 생각보다 중요한 게 '정답'이라고 여기게 된다. 안타깝게도 아이와 부모 모두의 메타인지가 사라지는 순간이다.

앞서 이야기한 것처럼 아이들에게는 문제를 해결할 능력이 있다. 다만 어른보다 조금 많은 시간이 필요할 뿐이다. 딸아이가 유치원에 다니고 있을 때의 일이다. 유치원에서 돌아온 아이가 노트에 무언가를 열심히 쓰기 시작했다. 잠시 후 아이는 "엄마, 해피Happy는 어떻게 쓰는 거야?"라고 물어왔다. 나는 단어의 스펠링을 불러주는 대신 "너는 어떻게 생각하는데?"라고 되물었다. 얼마 지나지 않아 아이는 'Hapy'라고 적은 노트를 보여주었다. 오답임을 알았지만 나는 "네 생각이 맞는 것 같은데?"라고 대답했다.

잠시 노트를 들여다보던 아이는 뭔가 잘못됐다는 것을 감지했다.

이어 혼자 이것저것 시도해보더니 'Happy'가 맞는 것 같다는 결론을 내렸다. 아마도 책에서 봤던 단어들을 회상하며 정답을 찾아냈을 것이다. 그 누구의 도움 없이 스스로 기억해낸 단어이기에 아이는 그 단어를 쉽게 잊지 않을 것이라는 게 내 생각이다.

성공적인 배움을 위한 필연적인 시행착오

아이의 학습 속도는 어른의 그것과 다르다. 말을 할 때든 글을 쓸 때든 아이들은 어른보다 어설프고 서툴며 느리기까지 하다. 이럴 때 답답한 마음에 아이의 말을 가로막거나, 문장을 완성하기도 전에 부모가 답을 말해준다면 어떤 결과로 이어질까? 이런 질문에 답을 주는 심리 실험을 하나 살펴보자.

실험자는 학생들에게 여러 단어(nurse, mitten, dream 등)를 전달하고 이를 암기하도록 했다. 암기 시간인 1교시가 끝난 후 실험자는 시험에 참가한 학생들을 임의적으로 '읽기read 집단'과 '유추generate 집단'으로 나누었다. 그리고 2교시가 시작되었다. 실험자는 읽기 집단의 학생들에게는 1교시와 동일한 방식으로 단어를 암기하게 한 반면, 유추 집단에 속한 학생들에게는 철자의 일부분만 보여주고 어떤 단어인지 추론하게 만들었다. 읽기 집단에게 nurse, mitten, dream 등의 완벽한 단어를 제시했다면, 유추 집단에게는 _ur_e, _itt_n, _rea_ 의 식으로 단어를 제시한 것이다.

이후 두 그룹 모두 자유 회상 시험을 치렀다. 과연 어떤 집단 학생들의 시험결과가 더 좋게 나왔을까? 전이-적합 처리 이론을 떠올리면 쉽게 답을 맞힐 수 있을 것이다. 예상대로 유추 집단의 시험 점수가 훨씬 높게 나왔다.

자유 회상 시험은 기억에 의존하여 단어를 떠올려야 하는 특성이 있다. 단순히 단어를 암기한 집단은 유추 연습을 해보지 않았기에 제대로 된 학습을 했다고 볼 수 없다. 물론 유추 학습 과정이 반드시 좋기만 한 것은 아니다. 과정이 복잡하며 실패할 가능성도 높기 때문이다. '_ur_e'라는 단어를 볼 때 nurse대신 curse 혹은 purse 같은 단어를 떠올릴 수도 있고, 누군가 답을 알려주지 않으면 틀릴 가능성도 많다. 그러나 이전에도 강조했듯 성공적인 배움을 위해서는 시행착오가 동반되어야만 한다.

앞서 우리는 아이의 '궁금한 상태' 즉 호기심을 가지고 질문할 때에 대한 이야기를 했다. 아이들의 질문에 부모가 바로 답을 알려주는 것은 읽기 집단에서 아이를 학습시키는 것과 같다. 그럼에도 유추 학습을 선택하려는 부모는 많지 않다. 부모는 아이의 느린 학습을 기다리기 힘들어하고 아이는 학습 과정에서 오는 시행착오를 두려워하기 때문이다.

5

'얼마나 기억할 것인가'가 아니라
'얼마나 잊어버릴 것인가'를 질문하라

당신의 아이가 스케이트를 배운다고 가정해보자. 아이는 지금 빙판 위에 제대로 서는 것도 힘겨워한다. 이때 아이에게 어떻게 이야기해줄 것인가? 아마 대부분의 부모가 다음과 같이 말하지 않을까?

"스케이트를 하루아침에 잘 탈 수는 없어. 제대로 타기 위해서는 오랜 시간 많은 연습을 해야 한단다."

이런 대답이 가능한 이유는 부모가 아이를 스케이트 선수로 키우려고 마음먹지 않았기 때문이다. 단순히 취미로 배우는 운동이니 속도가 느리거나 실수가 많아도 괜찮다고 여기는 것이다. 공부도 스포츠와 똑같은 '학습'이다. 스케이트를 배울 때와 같이 오랜 시간 많은 연습이 필요하다. 그런데 같은 학습임에도 유독 공부에서의 실수를 견디기 힘들어하는 이유는 무엇일까?

바로 앞선 실험에서 우리는 학습 과정에서 더 많은 실수를 했던 유추 집단의 시험 점수가 더 높음을 확인했다. 그럼에도 아이의 실수를 여전히 불안해하는 사람들을 위해 이를 증명하는 실험 하나를 더 살펴보려고 한다.

실험자는 피험자인 학생들을 읽기 집단과 유추 집단으로 나누고 그들에게 미국 대학수학능력시험SAT에 나오는 여러 동의어들을 제시했다. 앞선 실험과 마찬가지로 두 집단 모두 실험자가 제시한 단어를 암기해야 했다.

실험자는 서로 다른 방법으로 학습한 두 집단을 대상으로 '메타인지 판단을 위한 자기평가 설문'을 실시했다. '이제 곧 보게 될 시험에서 방금 학습한 단어를 얼마나 잘 기억할 것 같은가?' 이는 학생들에게 제시된 내용을 얼마나 잘 학습했는지, 얼마나 회상해낼 수 있는지를 스스로 판단하게 하는 질문이었다.

메타인지 판단의 결과를 보면 읽기 집단의 학습 자신감은 유추 집단의 학생들보다 높은 것으로 나타났다. 하지만 정작 시험에서는 유추 집단의 성적이 더 좋았다. 실패 없는 쉬운 학습 과정을 거친 읽기 집단이 자신감은 높았지만, 상대적으로 어려운 학습 과정을 거친 유추 집단의 성적이 더 높았던 것이다. 이것은 과연 무엇을 의미하는 것일까?

아이들이 벼락치기를 선호하는 이유

한국의 학교 수업은 선생님의 일방적인 강의가 중심이다. 시스템 자체가 아이들 스스로 회상하거나 정보를 유추할 시간을 주지 않는다. 앞서 말했듯 이는 아이들을 달콤한 착각에 빠트리는 교육 방식이다. 수업 시간에 편히 앉아 선생님의 목소리만 듣고 있으면 아이들은 자신도 모르게 '내용을 잘 알아듣고 있으니 나는 제대로 공부하고 있나'라는 착각에 빠지기 쉽다.

앞서 이야기했던 벼락치기 역시 읽기 학습과 마찬가지로 비교적 쉬운 학습 과정이다. 어제 공부하고 오늘 잊어버리는 벼락치기와 달리, 끊임없는 회상을 통해 학습한 내용을 기억해내는 분산 학습은 결코 만만치 않은 공부법이다. 학습 방법에 따라 학생들을 크게 '벼락치기 & 읽기 집단' vs. '분산 학습 & 유추 집단'으로 나눠봤을 때 후자의 결과가 훨씬 좋다는 사실은 더 이상 설명하지 않아도 알 것이다. 이런 결과에도 불구하고 읽기 중심의 벼락치기 학습법을 선택하는 학생들은 여전히 많다. 이를 증명하는 한 가지 실험을 살펴보자.

한 실험자가 초등학교 1~3학년 아이들에게 다음과 같은 학습 방법을 제안했다.

1. 몇 번에 걸쳐 조금씩 나누어 공부하기
2. 한자리에 앉아 처음부터 끝까지 공부하기

둘 중 어떤 것을 선택하든 아이들이 공부해야 하는 총 시간은 똑같다. 예를 들어 어떤 학생들은 한 시간씩 여섯 번에 걸쳐 공부하는 쪽을, 어떤 학생들은 여섯 시간 내내 공부하는 쪽을 선택할 수 있다는 뜻이다. 얼마든지 천천히 공부할 선택지가 있음에도 불구하고 대부분의 아이들은 벼락치기를 선호했다.

그 이유를 나는 두 가지 가능성으로 설명한다. 하나는 벼락치기가 학습 내용을 쉽게 느끼도록 만들기 때문이다. 아이들로 하여금 자신이 잘하고 있다는 메타인지 착각에 빠지게 하는 것이다. 또 다른 이유는 학생들에게 벼락치기는 너무도 익숙한 학습 방식이다. 이미 많은 학생이 빠른 속도의 학습을 더 좋은 것으로 여기는 환경(부모 또는 또래의 영향)에 노출되어왔기 때문이 아닌가 싶다.

그렇다면 장기 기억력을 높이기 위해서 우리는 무엇을 어떻게 해야 할까? 가장 쉬운 방법은 학습 후 질문의 방향을 바꾸는 것이다. 다음의 실험을 보자.

질문의 방향을 바꿔라

한 실험자가 학생들을 두 집단으로 나누어 학습시켰다. A 집단에게는 하루 또는 1주일 후 학습 내용을 얼마나 '기억할 수 있을 것 같은가?'를 물었고, B 집단에게는 하루 또는 1주일 후 학습 내용을 얼마나 '잊어버릴 수 있을 것 같은가?'를 물었다.

'학습 내용을 잊어버릴 가능성'에 대해 생각한 학생들은 자신들이 상당량의 학습을 기억하지 못할 것이라 판단했다. 반면 '학습 내용을 기억할 가능성'을 생각한 아이들은 1주일 후에도 기억에 차이가 없을 거라고 믿었다.

이 사실은 메타인지 착각을 아주 간단한 방법으로 고칠 수 있음을 알려준다. 공부를 하면서 내가 얼마나 '잘 기억할 것인가'가 아니라 내가 얼마나 더 '잘 잊어버릴 것인가'를 염두에 두면 되는 것이다. 우리는 배운 것보다 잊는 게 많다는 사실을 잘 안다. 하지만 많은 실험 결과는 다른 이야기를 하고 있다.

학생들은 자신이 학습한 내용을 '잘 기억할 것'이라고 생각한다. 실제로 아이들은 수업이 끝난 후 '내가 이 내용을 잊어버릴까?' '어느 시점부터 수업 내용을 회상하지 못할까?' 같은 질문보다 '내가 현재 잘 이해하고 있는가?'라는 질문에 더 익숙하다. 학교에서 혼자 공부할 때도 마찬가지다. 책상에 조용히 앉아 책을 읽거나 바로 눈앞의 정보를 외우기만 하는 공부법으로는 기억을 인출하는 연습을 할 수 없다. 이런 학습 방법 자체가 실패를 경험할 수 없는 구조이기 때문이다.

부모와 아이 모두 '학습한 내용을 쉽게 잊어버릴 수 있다는 사실'을 인정해야 하고, '얼마나 기억할 수 있을까?'보다 '얼마나 잊어버릴까?' '얼마나 까먹을까?'라는 판단을 먼저 하는 게 옳다.

6

생각할 시간조차 주지 않는
객관식 시험의 함정

완벽한 아이, 완벽한 부모가 없는 것처럼 완벽한 선생님도 없다. 선생님도 완벽하지 못하기 때문에 완벽한 시험 문제 역시 존재하지 않는다. 나는 시험을 볼 때마다 학생들에게 시험 문제에 오류가 있을 수도 있다고 이야기한다. 또한 출제자인 나의 의도와 다른 의미로 문제를 받아들인 사람이 있다면 토론을 통해 얼마든지 점수가 바뀔 수 있다는 말도 덧붙인다. 교수라는 타이틀을 가지고 있지만 나도 불완전한 사람일 뿐이며, 조금 서툴러도 각자의 논리를 가진 아이들의 생각은 존중받아야 마땅하기 때문이다.

모든 선생님이 나와 같지 않다는 건 알고 있다. 사실 이렇게 말하는 나도 모든 학생의 의견을 수렴하지는 못한다. 아이들과 토론하고 시험 점수를 수정하는 과정도 결코 쉽지 않다. 때문에 시험 문제를 제출할 때는 오류가 없도록 많은 노력을 기울인다. '수업 내용을 제대로 이해한 학생들이라면 제대로 답할 수 있는 질문인가?' '이 문제에 또 다른 착각은 없나?' 등을 꾸준히 점검한다.

그리고 아이들이 제출한 시험지를 보면서 혼자 웃음을 짓곤 한다. 벼락치기의 흔적이 여실히 보이기 때문이다. 아이들은 어쩌면 그 시험이 끝나기도 전에 자신이 공부한 내용을 잊어버릴 수 있다는 사실을 이미 알고 있을지도 모른다. 그렇지 않고서야 문제와 상관없는, 시험 바로 직전 아이들이 벼락치기로 본 내용이 시험지에 그렇게 많이 적혀 있을 리 없다.

아이들 스스로 '공부한 것을 잊어버릴 수 있다'는 판단을 내린 이유는 중고등학교 시절 본인들이 자주 사용한 메타인지이기 때문이다. 벼락치기 후 머리가 백지가 되는 경험을 무수히 해왔던 것이다.

오늘 배운 걸 얼마나 잊어버릴 것 같니?

시험으로 인한 스트레스를 조금이라도 줄여주고 싶은 마음에 나는 가끔 수업에서 간단한 '가짜 기억 실험'을 한다. 전 수업 시간에 배웠던 내용을 이틀 후 학생들에게 간단히 구술하게 하는 식이다. 이틀 밖에 지나지 않았음에도 학생들은 전 수업 내용을 거의 기억하지 못한다. 대학생들도 이런데 초등학생이야 오죽하겠는가?

초등학생은 학습 경험이 적기 때문에 자신이 공부했던 것을 잊어버리는 과정에 대해서 별 생각이 없다. 선생님도 학생들에게 "오늘 배운 걸 얼마나 잊어버릴 것 같니?" 같은 질문은 하지 않는다.

학생들은 보통 시험이 끝나고 자신의 점수를 확인하면 공부도 끝난 것으로 생각한다. 시험 본 내용은 궁금해하지 않고 점수에만 관심을 쏟는다. 부모와 선생님도 이러기는 매한가지다. 정말 중요한 것은 시험이 아니라 그 과정에서 자신이 무엇을 틀렸는지 확인하고 점검하는 것이다. 그래서 나는 초등학생인 우리 아이들에게 시험은 또 다른 학습이자 연습이며 실수가 가장 중요하다고 말한다. 이 과정이 없으면 '시험'이 학습되지 않는 데다 틀린 문제는 실패로 끝날 뿐이다. 좋은 성적을 받지 못한 학생들이 '내 인생은 끝났다' '나는 노력해도 안 된다' 등의 이야기를 하는 이유도 여기에 있다. 현대 시험이 가지고 있는 문제점을 본격적으로 살펴보자.

아이가 '또 실수했다' '시험을 망쳤다'며 실의에 빠져있을 때 "그래서 영어를 또 망쳤어?" "반 아이들 점수는 어때?"라고 묻는 부모가 많다. 이때 부모는 시험 결과보다 아이의 심리 상태를 먼저 살펴봐야 한다. 실력이 아니라 긴장과 불안 때문에 시험을 망치는 아이들도 있기 때문이다. 내 딸아이도 시험 전 긴장도가 높은 편이다. 시험을 잘 치르고 싶은 마음이 아이를 더욱 불안하게 만드는 것 같다. 아이의 긴장을 낮춰주기 위해 엄마인 나도 많은 노력을 기울이지만 아이는 좀처럼 여유를 찾지 못한다.

시험 전에는 어쩔 수 없지만 시험이 끝난 후에는 상황이 다르다. 부모의 가이드에 따라 아이의 긴장도는 확연히 달라진다. "시험은 잘 봤니?" "수학은 몇 점이나 맞았어?" 등 점수에 대한 질문 대신 "시험에 재미있는 질문이 나왔니?" "생각하지 못했던 어려운 질문은 없었어?" 라는 물음으로 대체하는 것이다. 그러면 아이는 점수가 아닌 '재미있는 질문 찾기'에 집중하며 서서히 긴장을 풀게 된다.

인지심리학 관점에서 보면 시험은 궁극적으로 학습을 돕기 위한 행위다. 하지만 현대 사회에서의 시험은 어느새 무서운 것, 스트레스를 주는 것, 실수하면 안 되는 일종의 절차가 돼버렸다. 나와 타인을 비교하는 실력 테스트로 변모한 것이다. 시험의 정의가 달라지니 목표도 달라졌다. 시험은 원래 실수를 점검하기 위한 과정인데 이제는 시험에서의 실수가 용납되지 않는다. 실수가 허락되지 않는 환경은 긴장을 불러온다. 극도의 긴장 상태에서는 그 누구도 제대로 된 판단을 할 수 없다. 그럼에도 아이들은 단순한 성적만으로 자신의 노력을 평가받는다. 이것이 현재 시험이 가지고 있는 첫 번째 문제다.

두 번째 문제는 시험의 형식에서 비롯된다. 한국에서는 중요한 시험들이 거의 객관식으로 치러진다. 객관식 문제 풀이가 아이들의 공부에 어떤 영향을 미칠지 생각해본 적이 있는가?

잘 알다시피 객관식은 4~5개의 선택지 중 하나의 정답을 고르는 방식이다. 아이들은 정답을 찾기 위해 모든 문항을 하나하나 세심히 읽어나간다. 그런데 무슨 일인지 지문을 읽어나갈수록 아이들의 머릿속은 복잡해진다. 시험을 보기 직전 벼락치기로 읽었던 내용과 현재 시험 문제 내용이 헷갈리는 탓이다. 네 개의 보기 문항 중 정답이 아닌 세 개의 문항과 벼락치기로 살펴봤던 내용이 섞이면 아이들은 그야말로 혼란에 빠진다. 이럴 때는 보기 문항을 보기 전 시험지에 자신이 생각한 정답을 주관식으로 적어놓고 근사치에 가까운 문항을 선택하는 편이 낫다. 이와 관련된 실험을 보자.

선택할 시간과 생각할 시간이 중요한 이유

한 실험자가 학생들을 대상으로 다음과 같은 과정의 짧은 실험을 진행했다. 학생들은 컴퓨터 앞에 앉아 모니터에 띄워지는 문제를 보며 객관식 시험을 치른다. 이때 실험자는 문제와 객관식 보기 사이에 '짧은 시간차^{delay}'를 두었다. 문제를 제출한 후 몇 초 있다가 보기 네 개를 보여주는 식으로, 학생들에게 정답을 유추할 수 있는 시간을 만들어준 것이다. 그 결과 학생들은 일반 객관식 시험보다 훨씬 더 높은 점수를 받을 수 있었다.

시험은 또 다른 형태의 학습이다. 이 학습에서 효과를 보고 싶다면, 아이가 시험 문제를 읽고 보기를 확인하기 전에 자신이 생각하는 답을 시험지에 쓰게 하자. 그다음에 제출된 보기 중 자신의 생각과 일치하는 항목을 선택하게 하면 된다. 이런 방식은 학생들에게 '문제가 어렵다'고 느끼게 하고, 실수할 확률을 높이기도 한다. 하지만 아이 스스로 문제의 정답을 유추할 수 있는 힘을 길러주는 가장 확실한 방법임에 분명하다.

다시 한 번 말하건대 문제와 선택지가 동시에 출제되는 객관식 시험은 아이들에게 생각할 시간을 주지 않는다. 메타인지 활성을 위해서는 아이들에게 생각할 시간과 선택할 시간이 반드시 필요하다.

7

실수의 재발견,
경험의 재발견

인지심리학이 발전하기 전에는 많은 연구자들이 동물로 다양한 실험을 진행했다. 연구자들은 동물의 기억력에 대해 많은 호기심을 가지고 있었지만 이를 쉽게 증명할 방법이 없었다. 일례로 반려인들은 "우리 강아지가 아주 똑똑해요. 산책 후 집을 혼자 찾아올 정도로요"라고 말한다. 반려인의 말처럼 산책 후 제 집을 혼자 찾아가는 강아지는 많다. 그렇다고 해서 강아지가 정말 '기억을 한다'고 결론지을 수 있을까? 혹 기억이 아니라 냄새로 집을 찾아오는 것은 아닐까? 동물을 통한 실험은 인간을 이용한 실험보다 간단할 수는 있지만 의사소통이 불가능하기에 함부로 결론 내리기도 어렵다.

결국 연구자들은 동물의 기억력을 테스트하기 위해 새로운 실험 방법들을 만들어내기 시작했다. 미국의 행동주의 심리학자 벌허스 스키너Burrhus Skinner가 만든 '스키너 박스Skinner Box'도 그중 하나다.

스키너 박스에는 버튼을 누르면 음식물이 나올 수 있는 튜브가 설치되어 있다. 박스 안에 들어간 동물들이 음식을 얻기 위해선 그 튜브와 연결된 버튼을 눌러야만 한다. 연구자들은 이를 통해 동물들이 음식을 얻기 위해 버튼을 누르는 법을 배우는 과정을 살펴보고 학습 난이도에 따라 동물들이 어떠한 행동을 보이는지도 관찰한다.

또한 스키너 박스를 이용하면 동물이 기울이는 '노력의 정도'도 측정할 수 있다. 예를 들어 버튼을 한 번만 눌러도 음식이 나오게 설계했던 것을 두세 번 버튼을 눌러야 음식이 나오도록 바꾸거나, 버튼을 누르고 3초가 지난 후 음식이 나오게 하는 등 시간차를 가미하는 식이다.

실수와 관련된 실험을 스키너 박스에 들어간 동물과 아이들에게 적용해보면 어떨까?

실패는 행동을, 행동은 습관을 바꾼다

먼저 쥐 실험을 보자. 실험자는 쥐가 뛸 수 있도록 만들어놓은 또 다른 구조물인 러닝박스 속에 쥐 한 마리를 넣고 시작점부터 도착점까지 쥐가 뛰는 속도를 측정했다. 이 속도를 기본값으로 설정하고 이어

두 개의 상자 속에 각각의 쥐를 넣었다. 두 상자의 차이점은 버튼의 무게에 있었다. 첫 번째 상자 속에 있는 버튼은 무겁기 때문에 쥐가 최선을 다해 누르지 않으면 음식을 받지 못했지만 두 번째 상자 속의 버튼은 가볍기 때문에 이곳에 들어간 쥐는 큰 노력 없이도 음식을 섭취할 수 있었다.

실험자는 두 집단으로 나눠 쥐들을 훈련시킨 후 다시 한 마리씩 러닝박스에 넣어 뛰는 속도를 측정했다. 무거운 버튼을 통해 실패를 경험한 쥐들은 기본값과 비교했을 때 뛰는 속도가 똑같거나 더 빨라진 반면, 가벼운 버튼으로 실패할 기회가 없었던 쥐들은 달리는 속도가 변하지 않거나 더 느려졌다. 우리는 이 실험을 통해 실패 여부에 따라 행동의 결과가 달라짐을 알 수 있다.

다음은 초등학생을 대상으로 진행된 비슷한 심리학 실험이다. 실험자는 초등학생을 두 집단으로 나누어 수학 문제를 풀게 했다. 다만 A 집단에게는 '4+5=?' 같은 아주 쉬운 문제, 즉 실수할 가능성이 거의 없는 문제를 제출했고, B 집단에게는 '35+24=?' 같이 상대적으로 더 어려운 문제 다시 말해 실수할 가능성이 높은 문제를 제출했다.

각 집단에서 문제 풀이 훈련을 한 후 실험자는 두 집단의 아이를 한 명씩 불러 시험을 보게 했다(이때 아이들이 받은 시험지는 동일하다). 그리고 실험자는 아이들 책상 옆에 정답지를 두고 자리를 비운 다음 이 과정을 몰래카메라로 촬영했다. 그 결과 B 집단의 아이들은 오랫동안 답을 보지 않고 스스로 문제를 풀어내려고 노력한 반면, A 집단의 아이들은 쉽게 포기한 뒤 책상 위에 놓인 정답지를 찾아봤다.

　이 실험들은 실패를 통해 실수를 견딜 수 있는 법도 학습할 수 있음을 보여준다. 물론 같은 실수를 반복하는 게 좋은 것은 아니다. 하지만 실수가 두려워 아예 위험을 감수하지 않는 건 더 큰 문제다. 만약 부모가 아이에게 문제 해결을 위한 노력을 요구하지 않고 정답을 보도록 허용하면 아이들의 이런 행동은 더욱 강화될 것이다.

8

자발적 학습의 비밀, 동기부여

언젠가 딸아이가 내게 영어로 쓴 자기 이름을 보여줬다. 'S'자가 거꾸로 되어 있기에 나는 별 생각 없이 "S를 거꾸로 썼네"라고 이야기했다. 순간 딸의 얼굴에서 기쁜 표정이 사라져버렸다. 이 일을 계기로 나는 지적할 부분보다 아이의 노력을 보려고 애쓴다.

이 세상에는 여러 가지 보상prize이 있다. 보상이라 하면 대개 물질적인 것을 생각하지만 정서적 보상도 매우 중요하다. 내가 딸아이의 글씨에 반응했던 피드백도 일종의 보상이었다.

상이란 보이지 않는 노력은 고려하지 않고 성과로 순위를 매기는 것으로, '다른 아이들과 비교해서 더 나은 결과를 보여줄 때' 주는 선물이다. 대부분의 국가에서 비슷한 문제를 겪고 있지만 특히 한국에서는 아이들이 아무리 노력해도 상을 못 받는 경우가 많다.

대학원에 다니며 메타인지를 연구할 당시 나는 뉴욕에 있는 초등학생들을 지도하게 되었다. 그때 만난 아이 중 한 명이 "선생님들은 컬럼비아 대학에서 왔어요? 대단하다!"라고 이야기했다. 나는 그 아이에게 "너도 열심히 공부하면 그 학교에 갈 수 있어"라고 대답했는데, 그 자리에 있던 6학년 아이 중 한 명이 어두운 표정을 지으며 "나 같은 아이는 불가능해요"라는 반응을 보였다.

후에 안 사실이지만 그 아이의 가정은 책 한 권을 마음 놓고 살 수 없을 정도로 경제적 여유가 없었다. 지금처럼 학교 도서관도 많지 않은 시절이었다. 책을 빌릴 수 없는 아이는 매일 아침 동생에게 시리얼 박스에 적힌 글을 읽어준다고 했다. 책 대신 시리얼 상자로 동생에게 글을 가르치고 있는 초등학생 오빠의 모습을 떠올려보라. 정말이지 가슴 아픈 이야기다. 이 아이의 노력은 언제쯤 인정받을 수 있을까?

외적 동기 vs. 내적 동기

인생에서 교육이 중요하다는 사실을 모르는 사람은 없다. 하지만 안타깝게도 모든 아이에게 균등한 교육의 기회가 주어지진 않는다. 그래서 한 연구자는 2000년도에 형편이 어려운 아이들을 위한 학비 지원 프로젝트를 추진하기도 했다. 이 프로젝트의 목표는 학생들에게 '상'을 줘서 새로운 동기를 부여해주려는 것이었다.

이 프로젝트의 취지는 높게 평가받아 마땅하지만 무조건적인 보상이 좋다고만은 할 수 없다. 아이들에게 순간의 동기부여는 줄 수 있지만 그 효과가 사라지면 이전보다 안 좋은 성과를 내기도 하기 때문이다. 상을 타기 위한 공부, 즉 외부 보상을 목표로 학습 욕구를 가지는 외적 동기external motivation는 아이가 자발적인 호기심으로 지적 욕구를 충족하려는 내적 동기intrinsic motivation를 약화시키기 마련이다.

외적 동기부여를 동력으로 삼는 아이들은 이러한 보상이 사라지면 모든 동력을 잃는다. 일례로 대입을 목표로 12년을 달려온 아이들이 원하던 대학에 붙고 나면 학습에 대한 흥미를 급격하게 잃는 경우가 많다. 전공을 위한 공부, 취직을 위한 공부, 자기 자신을 위한 공부는 이제 시작이지만 음주와 가무에 빠져 학습은 뒷전인 식이다. 그렇게 원하던 대학에 들어왔지만 자신이 진짜 원하는 게 뭔지 단 한 번도 생각해보지 못한 아이들의 방황이 시작되는 것이다.

특히 학습에 있어 한국 학생들은 경쟁에서 앞서고 싶다는 욕망을 자극하는 외적 동기에 의해 움직인다고 해도 과언이 아니다. 이 경우 아이들은 자신이 왜 공부를 하는지, 무엇을 배우는지, 무엇이 재미있는지 등에 대한 판단할 필요가 없다. 그 누구보다 공부는 열심히 하는데 메타인지는 전혀 활용하지 않는 이상한 상황에 처하는 것이다.

목표에 이르는 과정

성취욕 하면 누구에게도 뒤지지 않는 사람이기에 나 역시 어린 시절에는 목적에 따라 어떻게든 상을 타야 했고 무엇으로든 상대방을 이겨야 직성이 풀렸다. 그런데 오빠는 나와 정반대의 성향으로 목적보다 과정을 중시하는 사람이었다.

어린 시절 나는 오빠와 카드, 체스, 장기 등을 했는데 어떤 게임을 해도 그를 이길 수 없었다. 계속 지기만 하는 게 너무 짜증이 나서 게임 판을 엎어버린 적이 있을 정도다. 지고는 못 사는 데다 승리가 목표인 아이였으니 그 분노가 오죽했겠는가.

그러던 어느 날, 생전 처음으로 오빠를 이겼다. 정말이지 말로 표현할 수 없을 정도로 환희에 찬 순간이었다. 하지만 기분 좋은 것도 잠시, 의아한 생각이 들었다. 오빠가 짜증을 내지 않는 모습을 발견한 것이다. 백전백승을 하던 게임에서 졌으니 당연히 화가 날 텐데 왜 이렇게 조용하지? 의아한 표정으로 자신을 바라보는 내게 오빠는 빙그레 웃으며 말했다.

"좋은 게임이었어."

이 말을 끝으로 오빠는 새로운 판을 펼쳤다. 다시 한 번 게임을 해보자는 것이다. '분명 게임에서 진 것은 오빠인데, 왜 짜증이나 화를 내지 않는 거지? 최소 실망이라도 해야 하지 않나?' 나는 오빠의 반응이 혼란스러웠다.

나중에 알았지만 오빠의 목표는 게임의 승패와 전혀 상관없는 것에 있었다. 오빠에게 중요한 것은 '어떻게 이 게임에서 이길 것인가'가 아니라 '어떻게 하면 잘할 수 있을까?'였다.

과정을 중시하는 오빠와 달리 내가 승부에 목숨을 걸었던 이유는 무엇일까? 대학에서 심리학을 공부하며 그 이유를 확실히 알게 됐다. 어떠한 실패도 없이 그저 이기고만 싶었던 것은 내가 성취 목표를 중시하는 사람이기 때문이다. 만약 게임에서 계속 승리했다면 나는 지금까지도 성취만 바라보고 살았을지 모른다. 하지만 오빠와 게임을 하며 실수와 실패를 반복한 결과 다행히도 '목표에 이르는 과정'을 진지하게 생각해볼 수 있었다.

내가 아닌 상대를 탓하는 이유

실수나 실패는 남녀노소 상관없이 누구에게나 일어날 수 있는 일이다. 하지만 자신의 실패를 인정하는 것은 나이와 상관없이 쉽지 않은 일이다. 경주에서 진 토끼도 자신이 졌다는 사실을 인정하기 어려웠을 것이다. 단순히 경주에서 패배했다는 사실보다는 '거북이보다 훨씬 빠르니 당연히 이길 수 있을 것'이라 여겼던 자신의 메타인지 판단이 틀렸다는 사실을 인정하기 힘들지 않을까 싶다. 사람도 마찬가지다.

우리 역시 토끼처럼 실패하고 잘못된 판단을 내리지만 그것을 쉽게 인정하지 않으며 계속 다른 평계를 찾는다. '기본적 귀인 오류fundamental attribution error', 즉 상대의 행동을 판단할 때 외부적 요소보다 내부적 요소에 더 중점을 두는 경향 때문이다. 일례로 길을 가다가 발을 헛디뎌 넘어진 경우 사람들은 제일 먼저 주변을 살핀다. 주변에 다른 사람이 없으면 홀홀 털고 일어서지만 누군가 있다면 "길에 왜 돌이 튀어나와 있어?"라며 상대가 들으라는 듯 소리친다. 자기가 잘못해서 넘어진 게 아니라 튀어나온 돌이 문제였음을 강조하는 것이다.

다른 상황도 생각해보자. 길을 건너는 보행자 앞으로 갑자기 자동차가 끼어들었다. 보행자는 순간 운전자를 향해 '나쁜 놈' '양심도 없는 놈'이라며 그의 본성을 탓한다. 그런데 보행자였던 사람이 운전자가 되고, 본인이 주행 중 비슷한 실수를 저지르면 반응이 달라진다. "제가 원래 운전을 이렇게 하는 사람이 아닌데, 오늘은 정말 급한 회의가 있어서…"라며 상황을 탓하는 것이다.

학습도 마찬가지다. 아이가 시험을 잘 치르지 못했을 경우 부모가 나서 먼저 핑계를 찾아주곤 한다. "오늘은 네가 컨디션이 안 좋았잖아" "이번에 늦게까지 공부하느라 피곤했구나"라는 식이다. 이때 핑계가 아닌 방법을 찾으면 의외로 쉽게 문제를 해결할 수도 있다. "늦게까지 공부하느라 피곤해서 시험을 못 봤구나. 그렇다면 다음에는 어떻게 시간을 나눠서 학습을 해야 할까?"라고 물으며 아이와 함께 방법을 찾아보는 것이다.

아이의 성적이 떨어진 이유를 학원 선생님 탓으로 돌리는 경우도 마찬가지다. 아이의 성적이 떨어지면 "저번 학원 선생님은 공부를 너무 안 시키더라고요. 그래서 학원을 옮겼어요"라고 이야기하는 부모가 많다. 사실 선생님은 정보 전달자에 불과하다. 학습은 오롯이 아이의 몫이다. 그런데 이 사실을 거꾸로 생각하면 아이가 아닌 선생님에게 집중하게 된다. 학습은 분명 아이가 해야 하는 것인데 선생님이 해결해줘야 하는 일이라고 생각하는 것이다. 나아가 '우리 아이는 애초부터 공부와 거리가 먼 아이'라며 자포자기하는 부모도 있다.

한국처럼 남과의 경쟁을 중요하게 생각하는 시스템 안에서는 기본적 귀인 오류가 더욱 심할 것이다. 학습의 본래 의미를 놓치는 이러한 흐름이 나는 그저 안타까울 뿐이다.

토끼와 거북이
사이에서 적절한
균형점 잡기

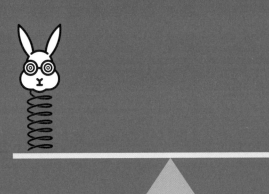

---

①

거북이가 토끼와의 경주에
참여한 이유

이민자 자녀들은 아무래도 자신들을 이상하게 바라보는 주변의 시선을 느끼며 자라기 마련이다. 그렇다 보니 자신을 자주 되돌아보고, 자신의 정체성에 대해 더 빠른 깨달음을 얻는 경향이 있다. 나 역시 그랬다. 어린 시절부터 '왜 나는 내 친구들과 다르게 생겼지?' '왜 나는 친구들보다 영어를 못하지?' '우리 엄마 아빠는 다른 부모님과 어떻게 다르지?' 등의 생각을 하곤 했다.

당시에는 메타인지라는 단어를 몰랐지만 지금 와서 생각해보면 어린 시절부터 나는 내가 누구인지를 되풀이하여 생각했고, 지금까지 나 자신을 속이지 않으려는 노력을 많이 해온 듯하다. 부모의 문화와 다른 문화, 부모의 언어와 다른 언어를 가진 나라에서 살게 되면 아이들은 어쩔 수 없이 언어나 학습의 속도가 느려진다. 토끼가 되고 싶어 죽어라 노력해도 토끼가 될 수 없음을 깨닫는다. '삶의 목적을 경쟁과 생존'이라고 결론지었다면 내 인생은 완전히 실패했을 것이다.

하지만 미국인 친구들에 비해 내 영어가 느릴 수밖에 없음을 인정하고, 그들이 아닌 내 속도대로 공부하는 것이 최선임을 느낀 순간부터 내 삶은 달라졌다. 내가 거북이라는 사실을 일찍 파악한 덕분에 나는 다른 사람과의 경주에 참여하지 않고, 인생에서 가장 중요한 메타인지도 키울 수 있었으니 말이다.

내가 토끼가 아닌 거북이임을 인정하면 시간에 쫓기지 않으면서 하고 싶은 일을 충분히 생각할 여유가 생긴다. 경쟁자가 얼마나 공부했는지를 생각하는 게 아니라 나한테 효율적인 공부법에 집중할 수 있는 것이다. 뿐만 아니라 주체적으로 목표를 세우고 그것을 실현하기 위한 현실적인 방법도 다양하게 모색할 수 있다.

난 지금도 충분히 행복해

이쯤에서 다시 한 번 토끼와 거북이 이야기를 생각해보자. "과연 거북이는 토끼를 이기기 위해 경주에 참여했을까?" 나는 거북이의 목표가 승리에 있지 않았다고 생각한다. 실제로 이솝 우화를 보면 거북이는 그저 달리기 실력에 대해 자랑하는 토끼의 말이 듣기 싫어 경주를 했다고 나온다. 또 다른 버전의 우화에서는 토끼가 "너는 왜 이렇게 느리니?"라고 놀리며 거북이에게 먼저 경주를 제안했다고도 한다. 어떤 버전의 우화를 보든 거북이는 토끼가 자신보다 빠르다는 사실을 알고 있었고 그럼에도 경주를 해야만 했다. 토끼는 이기기 위해서 거북이는 단지 귀찮아서 경주에 참여한 것이다.

토끼와 거북이에 대한 여러 해석 있는데 개인적으로 가장 마음에 드는 것은 동화작가 제프리스 테일러 Jefferys Taylor 의 해석이다.

SAID a hare to a tortoise, "Good sir, what a while

You have been only crossing the way;

Why I really believe that to go half a mile

You must travel two nights and a day."

"I am very contented," the creature replied,

"Though I walk but a tortoise's pace;

But if you think proper the point to decide,

We will run half a mile in a race."

토끼가 거북이에게 말했다.

"거북아, 넌 길을 건너는 것도 한참 걸리는구나. 50마일(80킬로미터)을 가려면 2박 3일은 걸리겠는 걸."

그러자 거북이가 대답했다.

"비록 거북이걸음으로 걷고 있지만 나는 내 속도에 만족해. 하지만 네가 그렇게 달리기에 자신이 있다면 우리 50마일 경주를 해보자."

우리가 살고 있는 세상은 이 우화에 나오는 토끼의 세상과 비슷하다. 우리는 모두 거북이인데 세상은 우리를 보며 너무 느리다고 놀리지 못해 안달이다. 부모든 아이든 자신이 거북이라는 사실을 인정하기 싫어하고, 모두 토끼가 되고 싶어 하며 끝내 경주에 참여한다. 그 경주에서 '순간적인 상'을 타는 것이 곧 성공이라고 착각하면서 말이다.

걸음이 느리다고 놀리는 토끼에게 "난 지금도 충분히 행복해. 근데 네가 꼭 경주를 해야겠다면 우리 한번 해보자"라는 거북이의 말을 다시 한 번 생각해볼 필요가 있는 요즘이다.

지식을 획득하는 과정의 필수 요소, 호기심

나는 한국에 올 때마다 딸을 수학 학원에 보낸다. 이를 본 주변 사람들은 딸을 '경주'에 참여시키려는 것이냐고 묻는다. 나도 어쩔 수 없는 토끼가 된 게 아니냐는 의심이다. 나는 아이를 학원에 보내는 것 자체가 나쁘다고 생각지 않고, 학원을 다니는 것이 곧 경주 참여를 의미한다고 여기지도 않는다. 단지 아이의 수준에서 아이가 원하는 만큼, 할 수 있는 만큼의 학습을 시키고 싶은 것뿐이다. 내게 학원은 효과적인 학습을 위한 수단일 뿐 그 이상의 의미는 없다.

많은 부모가 아이 수준에 맞는 학습을 시킬 것인지, 더 높은 수준의 수업을 듣게 할 것인지를 고민한다. 두 학년 위의 내용을 선행 학습해야 하는 한국에서는 더욱 그렇다. 하지만 모든 아이들은 자기 수준에 맞는 학습을 해야 한다. 자신의 속도에 맞는 학습은 재미를 불러오고 실수에도 두려움을 느끼지 않게 한다.

지식을 획득하는 과정에서 호기심은 필수적인 요소다. 호기심이 없으면 지식을 얻는 과정이 즐겁지 않고, 왜 학습을 해야 하는지도 의심하게 된다. 이와 관련한 심리 실험을 하나 보자.

벌라인Berlyne이라는 심리학자는 사람들에게 추상적인 그림을 보여주며 그들이 얼마 동안 그림을 응시하는지 살펴보았다. 사람들이 그림을 보는 시간을 곧 호기심 측정 지표로 삼은 것이다. 벌라인은 사람들에게 아주 단순한 그림, 매우 복잡한 그림, 중간 수준의 그림을 보여주었는데, 실험 결과 대부분의 사람은 마지막 그림을 가장 오래 지켜보는 것으로 나타났다. 중간 수준의 그림이 사람들의 호기심을 끌어낸 것이다.

학습량에 비해 진도가 빠르거나 수준이 높으면 아이는 곧바로 호기심을 잃는다. 당신이 오랜만에 친구들을 만나 대화를 하는데 하나도 알아들을 수 없는 주식 이야기만 오간다면 그 기분이 어떻겠는가? 한시라도 빨리 자리에서 일어나고 싶다는 마음만 가득해지지 않을까?

2

당신은 아이의
선택을 믿습니까?

한국의 현실적인 학습 환경을 무시하고 아이들이 자신의 속도대로 공부하는 게 얼마나 어려운 일인지는 나도 잘 안다. 아이가 뒤처지거나 낙오될지도 모른다는 부모의 불안감도 익히 알고 있다. 하지만 우리는 아이의 행복을 먼저 생각해야 하는 부모다. 지금이라도 이상과 현실 사이에서 균형을 잡으려는 노력이 필요하다.

아이마다 특성이 다르고 각자 처한 학습 환경이 천차만별이기 때문에 모두에게 통하는 방안을 제안할 수는 없다. 그럼에도 분명히 말할 수 있는 것은 하나 있다. 아이들은 누구라도 자신에게 맞는 학습 방식에 집중해야 한다는 것이다. 아이가 학습 과정에서 실수를 하거나 힘들어해도 혼자 결정할 수 있도록 부모는 인내심을 가지고 기다려줘야 한다. 생선살을 직접 발라 입에 넣어주기보다는 아이 스스로 낚시를 하고 살을 발라 먹을 수 있는 방법을 가르쳐줘야 한다는 말이다. 이런 경험은 아이가 초등학교 생활을 시작할 무렵에 특히 중요하다.

나도 어릴 때는 토끼들의 세상을 훨씬 중시했다. 친구들과 경쟁을 하진 않았지만 그들이 하는 것은 모두 다 배워보고 싶었다. 초등학교 6학년 무렵의 일이다. 당시 나는 여러 대외활동을 하고 있었는데 사실 어린아이가 감당하기에는 벅찬 수준이었다. 그러던 어느 날, 엄마가 '지금 하고 있는 활동 중 두 가지를 그만두라'고 말씀하셨다. 분명 엄마가 그만두길 원하는 활동이 있었겠지만 엄마는 일방적으로 자신의 생각을 강요하는 대신 내게 선택권을 주셨다. 혼자 결정할 수 있는 기회를 만들어주신 것이다. 어떤 활동을 그만둘 것인지에 대해 고민하는 며칠간의 시간은 무척이나 즐거웠다. 활동을 그만두는 것은 아쉽지만 '나도 선택할 수 있는 존재'라는 사실이 큰 기쁨이었듯 싶다.

미국 교포들은 학교생활도 무리 없이 잘해내야 하고 공부, 운동, 음악, 미술도 능숙하게 해내야 한다는 무언의 압박을 받는다. 학교에서는 미국 방식에 따라 매우 활동적이고 적극적으로 생활하지만 집에 돌아오면 한국 방식에 따라 얌전히 있어야 한다는 교육을 받는다. 이런 고정관념은 아이들에게 거북이가 아닌 토끼가 되라고 강요하는 것과 같다. 일찌감치 '토끼가 아닌 거북이'라고 인정한 나조차도 토끼들의 세상이 전부가 아니라고 생각하는 게 무척이나 힘들었다.

토끼들의 세상에서 힘겹게 살아가는 거북이 같은 아이들을 위하는 가장 좋은 방법은 그들에게 선택권을 주는 것이다. 그것은 곧 부모가 아이를 지지한다는 무언의 격려이자 메타인지를 키울 수 있는 시간을 선물하는 것과 같다.

영어 시험을 잘 본다는 것은

딸이 초등학교 2학년 무렵의 일이다. 다른 학부모와 대화를 나누다가 나로서는 다소 이해하기 어려운 이야기를 들었다.

"초등학교 2~3학년 때까지 영어를 완벽하게 배우지 않으면 영어는 실패한 거나 마찬가지예요."

그의 말에 조금 당황했지만 나는 침착하게 대화를 이어나갔다.

"원래 영어를 배우려면 오랜 시간이 필요한 걸요. 미국에서도 초등 2~3학년에 영어를 다 배우진 못해요."

"한국 실정을 잘 몰라서 그런 말을 하는 거예요. 어렸을 때 어느 정도 영어를 하지 못하면 나중에는 수업조차 따라가기 어려워요. 초등학교 3학년부터는 수학과 과학이 어려워지기 때문에 두 과목에 집중하기에도 시간이 부족하답니다."

"…."

"내년부터는 아마 아이들의 영어 공부 시간을 많이 줄여야 할걸요."

처음 이런 말을 들었을 때는 그 이유를 제대로 이해할 수 없었는데, 한국에서 수많은 학부모와 대화를 나눈 결과 대부분 비슷한 생각을 가지고 있음을 알게 됐다. 더불어 '영어를 마스터한다'는 것은 '영어를 잘하는 것'이 아닌, '영어 시험을 잘 보는 것'을 의미한다는 사실도 깨달았다. 나는 한국의 교육 과정이 이러한 학습의 정의와 방식에 상당한 영향을 끼쳤을 것이라고 생각한다.

내가 아무리 메타인지의 중요성을 외쳐도 한국의 교육 과정이나 학부모들의 생각은 바뀌지 않을 것이다. 그렇지만 성적 자체가 아닌, 진짜 공부를 위한 최적의 학습을 위해 지금 당장 실천할 수 있는 방법을 이야기하면 학부모들도 조금은 다른 생각을 가지게 될지 모르겠다.

다음에서는 수학자 앤드루 와일스Andrew Wiles와 나의 경험을 통해 현실과 이상 사이에서 메타인지가 어떻게 균형과 조화를 이루는지 이야기해보려 한다.

3

서두르지 말고 그러나 쉬지도 말고, 조급함에 대처하는 부모의 자세

앤드루 와일스는 약 350년 동안 아무도 풀지 못했던 '페르마의 마지막 정리Fermat's Last Theorem'를 완벽하게 증명해낸 영국의 수학자다. 그 공로를 인정받아 1995년 울프상Wolf Prize 수학 부문을, 2016년에는 아벨상Abel Prize을 수상한 바 있다.

운이 좋게도 나는 그를 직접 만나 이와 관련된 이야기를 들을 기회가 있었다. 그는 열 살 무렵 우연히 들른 도서관에서 페르마의 마지막 정리를 발견했다. 하지만 아무리 노력해도 당시 자신의 수학 실력으로 이를 증명할 순 없음을 깨닫고 언젠가는 반드시 그것을 증명해내겠다는 목표를 세웠다.

그렇게 자신의 실력에 대한 메타인지 판단을 제대로 내린 뒤 그 역시 성적과 졸업 중심의 토끼 세상으로 뛰어들었다. 뛰어난 수학자인 와일스도 정규 교육 과정을 밟아야 하는 현실을 완전히 무시하지는 못했던 것이다. 그는 초등학교 시절부터 박사 논문을 쓸 때까지 자신의 머릿속에는 '페르마의 마지막 성리를 풀고 싶다'는 욕구가 가득했다고 고백한다. 하지만 토끼 세상에서는 논문 작성과 학위 취득이 먼저였다. 결국 이 모든 과정을 마친 후 그는 본격적으로 페르마의 마지막 정리에 매달릴 수 있었다.

그런데 그가 페르마의 마지막 정리를 증명해내기까지는 그로부터 10년의 시간이 더 걸렸다. 무려 20년 가까이 학교 공부를 했지만 막상 문제를 풀려고 보니 자신의 지식이 한없이 부족했던 것이다. 결국 10년의 시간이 더 흘렀고 마침내 인생의 과업을 달성한 순간 그는 깨달았다. 자신의 목표와 다소 거리가 있어 보이던 학교에서 배운 수많은 지식이 결국엔 페르마의 최후를 정리하는 데 엄청난 도움이 되었다는 사실을 말이다.

와일스는 페르마의 마지막 정리를 증명한 후 이렇게 말했다.

"그것은 너무나도 아름다웠습니다. 너무나 단순하고 우아했습니다. 페르마의 정리에 대한 증명을 발견한 첫날 밤, 나는 집으로 돌아가서 잤습니다. 그다음 날 아침, 그 증명을 재차 확인한 후 아내에게 이야기했습니다. '내가 찾은 것 같아!' 아내는 제가 아이들의 장난감이나 그

밖에 다른 무언가에 관해 이야기하고 있다고 생각했습니다. 잠시 저를 바라보던 그녀가 물었습니다. '뭘 찾았는데?' 저는 같은 말을 되풀이할 수밖에 없었습니다. '내가 그걸 증명해냈다니까!'."

결과적으로 와일스는 다른 수학자들과의 경주에서 승리했다. 하지만 우리는 그의 목표가 경주에서 승리하는 게 아니었음을 안다. 무려 30년이 넘는 시간 동안 페르마의 마지막 정리를 증명하겠다는 목표를 향해 거북이처럼 느리지만 쉬지 않고 걸어온 결과였을 뿐이다. 그도 학교, 성적, 졸업, 박사 학위, 교수 임명 등의 현실은 무시하지 못했지만, 그 무게와 압박에 짓눌리기보다는 그 안에서 추구할 수 있는 다른 일들을 찾아냈다는 사실에 우리는 주목해야 한다. 천재라고 불리는 와일스도 이러는데 일반인인 우리야 오죽하겠는가.

헛된 노력을 하지 않으려면

현실과 목표 사이에서 균형을 찾으려면 아이와 부모 모두 현실을 제대로 직시하는 메타인지 판단을 해야 한다. 특히 아이들은 자신의 수준을 제대로 파악할 필요가 있다. 말은 쉽게 하지만 아이들이 자신의 수준을 파악하는 것은 정말 힘든 일이다. 선행 학습에 익숙한 아이들은 자신의 실제 실력보다 자신의 수준을 높다고 착각하기 때문이다. 자신에게 맞는 수준을 찾는 게 얼마나 어려운 일인지를 증명한 다음의 실험을 보자.

심리학자 앳킨슨Atkinson은 피험자들에게 '쉽다' '보통이다' '어렵다' 등 세 가지 난이도로 분류할 수 있는 단어들을 제시한 후 암기하게 했다. 그 후 피험자를 A, B 두 개 그룹으로 나누어 다시 공부할 기회를 주었다. 단, A 그룹에게는 스스로 단어의 난이도를 선택할 수 있게 한 반면 B 그룹에게는 컴퓨터가 일방적으로 배정하는 단어를 암기하게 했다. 그러자 재미있는 현상이 하나 나타났다. A, B 두 개 그룹 모두 '어렵다'고 판단된 단어를 선택해서 암기하는 경향이 높았고, 피험자들은 어려운 단어를 선택한 후에 상대적으로 오랜 시간 공부하는 모습을 보였다. 컴퓨터는 중간 난이도의 단어를 가장 많이 제시했는데, 마지막 시험 결과 컴퓨터가 제시한 단어를 공부한 그룹의 성과가 더 좋은 것으로 나타났다.

이 실험 결과를 보면서 나는 두 가지 생각을 했다. 첫 번째, 사람은 자신에 대해 완벽하게 알지 못하는 경향이 있는데 이는 메타인지 문제와 관련이 있다. 피험자들은 실험에서 '쉽다' '보통이다'로 제시된 단어들을 이미 충분히 알고 있다고 착각했기 때문에 가장 어려운 단어에 집중했던 것이다.

두 번째, 사람들이 선택한 공부 방법에도 많은 착각이 섞여 있다. 자신이 공부한 부분을 배웠다고 믿고 다음 단계로 넘어가야 하는데, 자기확신이 없으니 '부족하다고 판단'된 부분에 지나치게 많은 시간을 쏟은 것이다. 어려운 단어에 집중하면 당연히 다른 단어들을 암기할 시간이 부족해진다. 이러한 사실을 알면서도 피험자들은 자신이 암기를 끝냈다는 확신이 없었기에 계속 그 공부를 끌고 나간 것이다. 어찌 보면 '헛된 노력 *laboring in vain*'을 한 셈이다. 공부를 그렇게 열심히 했는데 배운 게 별로 없는 안타까운 상황인 것이다.

속도와 깊이의 균형 잡기

메타인지에 관련된 이야기를 하다 보면 '부모나 선생님이 아이의 공부 방법을 결정해주면 되지 않느냐'고 반문하는 사람들을 만난다. 성인은 아이의 지도자여야 한다는 생각에서 나온 발상인 듯하다. 물론 어른이 아이보다 똑똑할 수 있지만 그들은 아이 자신이 아니다. 아이를 가장 잘 아는 사람은 부모가 아닌 아이 자신 아니겠는가?

메타인지를 키우는 가장 좋은 방법은 아이가 어릴 때부터 스스로 생각할 시간을 주고, 스스로 자기 수준을 판단할 기회를 주는 것이다.

아들이 유치원에 다닐 때의 일이다. 어느 날 아이의 표정이 유독 어둡길래 유치원에서 무슨 일이 있었느냐고 물었다. 아이는 유치원에서 받아쓰기를 했는데 자신이 가장 늦게 답을 써냈다며 시무룩한 표정을 지었다. 초등학교에 입학하기도 전에 우리 아이 또한 빠른 경주가 중요하다고 여기기 시작했다는 신호였다. 순간 어떻게 대처해야 할지 머릿속이 복잡해졌다. 아이가 왜 벌써 이런 생각을 가지게 됐는지에 대해서도 생각했다.

어린아이들에게 경주는 재미있는 게임이다. 어른인 나도 아이들의 운동회에 가면 즐거운 마음으로 최선을 다해서 뛴다. 학습도 놀이처럼 즐겁다면 공부도 당연히 재미있을 것이다. 하지만 학습은 재미만으로는 할 수 없다. 즐거운 것도 중요하지만 그만큼 진지해야 한다. 학습에 동기부여가 필요할 때 재미와 즐거움이 어느 정도 도움은 되지만, 이 경우에도 재미보다는 학습이 우선시돼야 한다. 아이에게 받아쓰기는 경주가 아니며 받아쓰기를 왜 배우는지 그 의미를 정확히 설명해주는 게 먼저다.

실제로 유치원이나 학교에서는 받아쓰기 시험을 볼 때 느린 아이를 기다려줄 여유가 없다. 외부에서 빠른 속도를 요구받는 아이에게 부모까지 '빨리 빨리'를 외쳐서는 안 된다. 집에서라도 '학교가 바라는 속도'가 아닌 '내 아이의 실력에 맞는 속도'에 초점을 맞춰야 한다. 부모까지 빠른 속도를 강요하고 실수를 허락하지 않으면 아이는 모든 배움을 '경주'라고 이해할 수밖에 없다.

아이들에게는 각자 제 속도에 맞춰 메타인지를 키우는 시간이 반드시 필요하다. 그와 동시에 아이들은 빨리 돌아가는 세상도 따라가야 한다. 이는 어른도 힘든 일이다. 내 아이를 도와주고 싶다면 제 스스로 속도와 깊이의 균형을 잡을 기회를 주자. 아이가 실패를 통해 무엇을 알고 무엇을 모르는지 깨닫는 과정을 허락하자. 여기서의 '과정'을 다른 말로 하면 부모가 그렇게 중요하게 여기는 시간이다. 따라서 '시간 = 아이를 향한 부모의 믿음'이라해도 과언이 아니지 싶다.

4

메타인지를 배우면
아이의 성적이 상승할까?

　메타인지를 연구한 후 내가 만난 수많은 학부모들은 한결같이 '메타인지를 배우면 아이의 성적이 급상승할 것'이라 기대하고 있었다. 하지만 메타인지를 키우는 목적은 성적 향상이 아니라, 아이들에게 토끼가 아닌 거북이임을 인지할 수 있도록 돕는 데 있다.

　너무도 유명한 월터 미셸Walter Mischel의 마시멜로 실험을 살펴보자. 실험자는 3~4세 연령의 아이들을 각자 빈방에 두고 마시멜로가 하나 놓인 접시와 두 개 놓인 접시를 동시에 보여준다. 아이 앞에 마시멜로 한 개가 놓인 접시를 남겨둔 실험자는 자신이 자리를 비우는 동안 마시멜로를 먹지 않고 기다리면 15분 후에 돌아와 두 개의 마시멜로를 선물로 주겠다는 이야기를 하고 방을 나간다. 이때 아이들은 두 가지 행동을 보인다. 마시멜로를 바로 입에 넣어버리거나, 실험자가 돌아올 때까지 참고 기다리거나.

전자에 속한 아이들의 행동에서 무언가 느껴지는 게 없는가? 혹 토끼처럼 빠르다고 생각되시는 않은가? 실험자가 자리를 비우자마자 아무 생각 없이 마시멜로를 입안에 넣어버리는 아이들은 메타인지를 사용할 이유가 없다. 유혹을 참을 필요가 없으니 이를 이겨내기 위한 방법도 찾지 않는다. 생각 자체가 필요 없는 셈이다.

반면 후자에 속한 아이들은 마시멜로를 지금 당장 입에 넣고 싶은 욕구를 멈추기 위해 메타인지를 쓰기 시작한다. 실험 영상을 보면 아이들은 노래를 부르거나, 천장을 살펴보거나, 구구단을 외우는 식으로 나름의 노력을 한다. 아이들은 마시멜로를 자신의 눈으로 직접 보면 먹고 싶은 욕망에 질 것임을 알기에(컨트롤에 실패할 것을 예측했기 때문에) 두 손으로 자신의 눈을 가리거나 노래를 부르는 등 유혹에서 멀어지기 위한 방법들을 찾아낸 것이다.

참고로 어린 시절 우리가 메타인지로 가장 먼저 배우는 게 '멈춤stop'이다. 자기조절력이 없는 아이들은 맛있는 것을 보면 동물처럼 본능적으로 입에 가져다 넣는다. 이때 옆에서 부모는 '안 돼'라는 말로 아이의 컨트롤 능력을 길러준다. 친구를 때리고 싶은 욕구, 장난감을 빼앗고 싶은 욕구, 맛있는 것을 입에 넣고 싶은 욕구를 어떻게 멈추는지 배워나가는 과정도 이와 같다.

본론으로 돌아와서 마시멜로 실험에서 확인할 수 있듯이, 메타인지를 잘 쓰기 위해서는 자신의 판단에 대해 생각할 시간이 필요하다. 아이들에게 충분한 시간을 주면 자기 자신을 더 자세히 볼 수 있을까? 다음 실험에서 이 질문의 답을 찾아보자.

빠른 공부에서 느린 공부로

실험자는 생물학 수업을 듣는 고등학생들에게 총 열두 개의 생물학 단어가 적힌 카드를 제시했다. '미토콘드리아 : 진핵세포 속에 들어있는 소시지 모양의 알갱이로 세포의 발전소와 같은 역할을 하는 작은 기관'이란 식으로 단어의 의미까지 포함된 다소 복잡한 구조의 카드였다.

잠시 후 실험자는 학생들에게 카드에 적힌 단어를 제대로 암기하려면 얼마나 더 많은 시간이 필요한지 판단하게 했다. 학생들은 '조금' '많이' '더 이상 공부할 필요 없음' 중 하나를 선택하여 자신의 상태를 판단했다. 실험자는 학생들이 판단한 것보다 더 많은 공부 시간을 주었지만 학생들은 실험자에게 '이 공부를 위해 그렇게까지 많은 시간은 필요 없다'라고 대답했다.

하지만 이는 학생들의 큰 착각이었다. 실험자는 학생들이 판단한 것보다 더 많은 시간을 주었지만 자신의 상태를 제대로 파악하지 못한 학생들은 제대로 공부를 하지 않았다. 공부 시간이 남았음에도 학습을 일찍 끝내버린 것이다. 결국 학생들은 좋지 않은 시험 결과를 얻었다. 학습을 빨리 끝내는 것에 집중한 결과다.

만약 같은 실험에서 학생들의 메타인지 판단을 도와준다면 그들은 학습 방향을 조금 더 효율적으로 설정할 수 있을까? 나는 이를 증명하기 위해 학습을 더 느리게 만드는 실험을 진행했다.

같은 실험 방법으로 진행된 후속 연구에서 나는 한 단계 과정을 추가했다. '이 공부에 얼마나 더 많은 시간이 필요한지'에 대해 학생들이 대답하기 전, 간단한 메타인지 판단을 하도록 설계한 것이다. 이를 위해 '시험에 이 단어가 나왔을 때 정답을 맞힐 자신은 어느 정도인가?'라는 문항을 제시하고 '자신감이 높으면 3점' '자신감이 없으면 1점'으로 응답하도록 했다. 학생들 스스로 메타인지를 모니터링할 수 있는 기회를 만들어준 것이다. 학생들은 모니터링을 통해 '더 이상 공부할 필요가 없다'고 판단한 단어보다 '더 많이 공부해야 한다'라고 판단한 단어를 선택해 집중적으로 공부했다. 이 실험 결과를 확장하면 아이들은 메타인지를 통해 자신이 모를 수도 있다는 사실을 자연스럽게 인정한 것으로 해석된다.

5

언어가 없는 동물도
메타인지를 사용한다

메타인지 연구를 시작했을 때 대부분의 연구자들은 언어 없이 메타인지를 측정하는 것은 불가능하다고 믿었다. 하지만 이미 많은 연구를 통해 메타인지는 언어 없이도 가능한 능력이라는 게 증명됐다. 이 결론을 통해 다른 여러 의문점이 제시됐는데, 그중 하나가 '언어가 없는 동물도 메타인지를 보여줄 수 있는가?'였다.

하지만 의사표현의 도구인 언어를 사용하지 않는 동물을 대상으로 메타인지를 정확하게 측정하기란 쉽지 않다. 그저 겉으로 드러나는 행동만을 통해 그들의 메타인지 사용 여부를 추론해야 하기 때문이다.

'우리의 메타인지는 어떻게 행동으로 드러날까? 우리가 어떤 사실을 모를 때는 언제이며 이때 나타나는 행동은 무엇일까? 원숭이나 침팬지 같은 유인원이 모니터링과 컨트롤을 보여주는 게 가능할까?' 이러한 의구심을 가지고 있던 중 말이 서툰 아이들의 대화에서 얻은 힌트로 내가 진행한 실험이 하나 있다.

이 실험은 새미있게도 "내 말이 맞아! 틀렸으면 100만 원 순다!"라고 아이들이 말하는 것을 들은 후 설계됐다. 돈에 대한 개념이 없는 아이들이 자신감의 표현으로 '내기'를 하는 것을 보니 동물들에게도 자신감을 보여줄 수 있는 행동, 즉 '내기'를 하게 만들면 메타인지를 측정할 수 있을지도 모르겠다는 생각이 들었던 것이다. 이를 알아보기 위해 나는 원숭이들에게 내기를 유도하는 실험을 진행했다.

동물도 메타인지를 활용한다

이 실험을 위해선 무엇보다 원숭이들이 '인지적으로 대답할 수 있는 문제'와 '메타인지 내기를 위한 문제'가 마련되어야 했다. 인지적인 문제는 가장 간단한 지각적인 질문으로 시작했다. 예를 들면 제시된 선들 중 길이가 가장 긴 선은 어느 것인지 선택하게 하는 식이다. 인지 질문에 대답을 한 원숭이에게는 내기를 권장했는데, '많은 돈'과 '작은 돈' 중 하나를 선택하여 정답의 자신감을 나타내도록 했다.

실험은 꽤 오래 걸렸지만 결과적으로 원숭이들은 자신의 대답이 정답일 것 같으면 '많은 돈'을, 오답일 것 같으면 '적은 돈'을 걸었다. 사람과 유사하게 원숭이도 자신이 있을 때만 내기를 했고 자신이 없을 때, 즉 자신이 모르거나 틀릴 가능성이 높을 때는 내기를 피하려는 성향을 보였다. 이 실험을 통해 우리는 원숭이에게도 메타인지가 있음을 알게 되었다.

여기서 중요한 것은 원숭이들이 왜 메타인지 능력(모니터링)을 가지고 있느냐. 모른다는 판단을 할 수 있으면 '안다고 착각'하는 간극을 어느 정도 해소할 수 있지 않을까? 그렇다면 원숭이들도 자신이 모르는 것을 판별하고 이를 통해 더 배울 수 있는 것일까? 만약 스스로 '나는 이것을 모른다'는 사실을 알고 있다면 나름 원숭이도 그와 관련된 정보를 찾을 수 있지 않을까? 이와 관련된 통제 실험을 보자.

이 실험에서 원숭이들은 다섯 개의 그림을 정해진 순서대로 누르는 훈련을 받았다. 훈련을 마친 뒤 실험자는 원숭이들에게 그림 목차를 제시한다. 목차에는 원숭이들이 앞서 훈련받은 순서(정해진 다섯 개의 그림 순서)도 있었지만, 그림의 나열 순서가 전혀 다른 새로운 내용의 목차도 있었다. 이때 실험자는 원숭이들에게 도움이 필요하면 '힌트를 주세요'라는 버튼을 누르도록 훈련시켰다. 그 결과 원숭이들은 이미 알고 있는 순서의 그림이 등장하면 힌트를 받지 않고 스스로 해냈지만, 자신이 알지 못하는 그림이 나타나면 도움 버튼을 더 많이 클릭하는 행동을 보였다. 나는 이 실험 결과를 보며 원숭이들이 모니터링을 통해 '답을 모른다'고 인정하고 '모르니까 도움이 필요하다'는 컨트

〈 원숭이 관련 실험에 대한 보충 설명 〉

한 심리학 실험에서 에빙하우스Ebbinghaus와 래슐리Lashley라는 이름을 가진 히말라야 원숭이들rhesus macaque에게 모니터링 능력이 있는지 확인하는 테스트를 실시했다. 이 실험에서 사용된 모니터링 테스트에서는 원숭이들에게 두 가지 대답을 요구했다. 하나는 '인지', 즉 학습한 내용을 기억하는지와 관련된 것이었고 다른 하나는 '메타인지 판단', 즉 그 기억에 대해 어느 정도로 자신 있는지에 관한 것이었다.

원숭이들은 컴퓨터 모니터를 통해 1번부터 6번까지 여섯 개의 그림을 하나씩 차례로 본 뒤 그 그림에 대한 기억 테스트를 했다. 테스트에서는 여섯 가지 그림 중 하나가 이전엔 제시되지 않았던 새로운 그림 여덟 개와 섞여서 등장했고, 원숭이들은 좀 전에 보았던 여섯 개의 그림 중 재차 등장한 하나를 찾아서 그것을 눌러야 했다. 다시 말해 앞서 제시됐던 그림들이 무엇이었는지 기억하게 하는 테스트였던 것이다.

원숭이들은 대개 이런 종류의 기억 테스트를 잘 해낸다. 하지만 보통은 정답을 맞히면 보상을 받고 오답을 고르면 페널티를 받는데, 이 실험의 경우에는 원숭이가 택한 답에 대한 아무런 피드백이 없었다. 때문에 원숭이들은 그림을 선택한 뒤 자신의 기억력이 얼마나 확실한지에 대한 판단을 해야 했다. 인간이라면 자신의 판단 이유를 말로 설명할 수 있겠지만, 언어를 사용하지 않는 원숭이들은 자신의 모니터링에 대한 표현을 어떻게 할까?

인간의 언어를 쓰지 않는 원숭이들은 내기를 하는 방법을 배웠다. 자기가 기억했다고 생각하는 답에 '많은 돈'을 걸거나 '적은 돈'을 걸 수 있도록 말이다. 많은 돈을 걸 경우 자신의 기억이 맞으면 3 토큰을 받고, 틀리면 3 토큰을 잃는 데 반해 적은 돈을 걸 때는 무조건 토큰 하나를 받았다.

실험 결과, 원숭이들에게선 모니터링이 제대로 기능한다는 것이 밝혀졌다. 자신의 기억이 틀렸을 때보다 맞았을 때 많은 돈을 걸었던 것이다. 그리고 제시된 그림에 상관 없이 원숭이들은 자기 기억에 대한 자신감을 보여주었다.

롤을 하는 게 아닌가 생각했다.

언어를 사용하지 않는 원숭이들도 기본적인 메타인지를 사용한다는 이 실험 결과에는 커다란 의미가 있다. 인간이 굳이 말을 하지 않아도 메타인지를 사용할 수 있음을 증명해주기 때문이다. 원숭이가 아닌 사람을 통해 진행했던 메타인지 실험을 보자.

실험자는 피험자들에게 상식 퀴즈를 제출하고 정답을 맞히는 실험을 진행했다. 실험자는 피험자들을 임의로 두 개 집단으로 나누었는데 A 집단에게는 '답을 안다고 생각하지만 그 답을 바로 말할 수 있을 때' 버튼을 누를 것을, B 집단에게는 '답을 안다는 생각이 들었을 때' 곧바로 버튼을 누를 것을 요구했다.

실험 결과 답을 안다고 생각한 B 집단의 버튼 누르는 속도가 빨랐다. 이는 연구자들에게 지금까지 생각했던 것과 전혀 다른 종류의 메타인지가 존재할 수 있다는 가능성을 보여준다. 메타인지는 꼭 말로만 표현할 수 있는 프로세스가 아니며 말하는 능력보다 근본적인 어떤 능력이 있을 수도 있음을 의미하는 것이다.

비단 이 실험 결과가 아니더라도 나는 아이들에게는 어른들이 모르는 자신만의 생각이 있으리라고 믿는다. 아이들은 어른들의 생각을 능가하는 근본적인 그 무엇을 갖고 있지만, 그저 말로 표현하지 않을 뿐인 건 아닐까?

창의력을 키우는
생각 습관

매 학기 첫 번째 수업마다 내가 학생들에게 하는 질문이 있다.

"여러분 인생의 목표는 뭔가요?"

예상치 못한 질문에 학생들은 머뭇거리며 행복이나 성공 같은 추상적 단어들을 먼저 이야기한다. 어색한 시간이 조금 지나면 건강이나 좋아하는 직업, 충분한 돈, 사랑하는 사람, 좋은 친구들 등 조금은 구체적인 대답이 등장한다. 이쯤에서 나는 그들에게 또 다른 질문을 던진다.

"여러분이 생각하는 목표에 다다르는 길은 무엇일까요?"

강의실에는 짧은 침묵이 이어진다. 나는 학생들의 반응을 살펴며 마지막 질문을 이어나간다.

"그렇다면 인생이란 무엇일까요?"

앞의 질문에는 곧잘 대답했던 학생들도 이 질문에는 꽤 오랜 시간 동안 입을 다문다. 짧지 않은 시간이 흐르고 난 후 몇몇 학생들에게서 대답이 나오기 시작한다. 하지만 어쩐 일이지 그들의 목소리에는 자신감이 하나도 없다.

알 수 없는 머나먼 미래를 추측하거나 추상적인 질문에 답하는 것은 누구에게나 쉬운 일이 아니다. 나 역시 이 질문들에 대한 정답은 모른다. 다만 대학에서 심리학을 배우고 연구하면서 얻은 결론은 '인생은 결국 문제 풀이의 연속'이라는 것이다. 아주 사소한 문제부터 숨이 턱 막히는 커다란 문제들까지, 인생은 우리가 미처 생각지도 못한 문제를 끊임없이 선물한다.

아직 두 발로 서지 못하는 아기가 있다고 치자. 한없이 뒹굴며 무료한 시간을 보내던 아기의 눈에 장난감이 들어온다. 문제는 장난감이 아기의 손이 닿지 않는 테이블 위에 있다는 것. 이때 아기에게는 테이블까지 도착해야겠다는 목표가 생긴다.

이 목표를 달성하기 위해 아기가 선택할 수 있는 가장 쉬운 방법은 목청껏 소리 높여 울어 주변 어른의 도움을 받는 것이다. 하지만 아이가 제 힘으로 장난감을 쟁취하겠다고 마음먹는 순간 상황은 달라진다. 스스로 문제를 해결해야 하기 때문이다. 이럴 때 필요한 것이 창의적인 생각이다. 자신의 근처에 놓여 있는 긴 막대기 등을 이용해 장난감을 떨어뜨려보겠다는 식의 독창적인 아이디어가 필요하다.

어른에게는 이런 생각도 단순한 사고에 지나지 않지만 아기에게는 매우 어렵고 복잡한 문제다. 어른의 도움을 받는 것에 비해 아기의 힘과 시간도 배로 들고 실패할 확률도 높다. 그러나 장난감을 손에 쥐기 위해 노력하는 과정에서 겪는 크고 작은 문제들이 아이의 문제 해결력과 창의성을 키워준다. 이런 아기들은 엄마가 바로 장난감을 손에 쥐어주는 아이와 생각의 성장 속도가 다를 수 밖에 없다.

답을 모르겠어요. 정답이 뭐예요?

실제 내가 강의 시간에 겪은 일이다. 수업을 하던 도중 학생들에게 난이도가 조금 높은 문제를 내주었다. 풀이에 다소 시간이 걸릴 수밖에 없는 어려운 문제였는데, 얼마 지나지 않아 한 학생이 손을 번쩍 들며 이렇게 이야기했다.

"교수님, 답을 모르겠어요. 정답이 뭐예요?"

"생각을 더 해봐. 급하게 풀려고 하지 않아도 돼."

나의 말이 끝나기 무섭게 학생들 중 몇몇이 갑자기 스마트폰을 꺼내더니 해당 문제를 검색하기 시작했다. 그 모습은 내게 충격적으로 다가왔다. 그들에게는 답을 도출하기 위한 과정이 전혀 중요치 않은 것처럼 보였기 때문이다. 우리가 학교에 다니는 이유는 새로운 지식을 배우고 생각하는 힘을 기르기 위해서다. 어떤 문제에 부딪혔을 때 해결할 수 있는 '길'을 찾기 위해서인 것이다.

미국에서 메타인지와 관련된 연구들을 살펴보면, 초등학생부터 대부분 모니터링을 조절할 수 있는 것으로 나타난다. 다만 중학교 시절까지 컨트롤이 취약할 뿐이다. 이를 증명하듯 아이들은 신기하게도 이미 알고 있는 내용을 더 열심히 공부를 하는 경향을 보인다. 부족한 부분을 공부해야 하는데 오히려 학습을 덜 해도 되는 부분에 집중한다. 비슷한 패턴 같은 형태의 문제를 반복하면 정답률이 높아질 수밖에 없는데 이는 아이들로 하여금 스스로 많이 알고 있다는 착각을 불러일으킨다. 이 착각이 컨트롤에 문제를 일으키는 것이다.

아는 것만 계속 공부하면 정작 중요한 '모르는 부분'의 학습 시간은 턱없이 부족해진다. 아무리 열심히 해도 성적이 오르지 않거나, 책상에 앉아 있는 시간에 비해 성적이 낮은 아이들이라면 컨트롤 능력을 점검할 필요가 있다. 어느 과목을 공부하는 데 시간을 많이 빼앗겼는지 체계적 공부를 위해선 시간을 어떻게 분배해야 하는지 등을 점검하면 효율적인 학습 방법을 찾을 수 있을 것이다.

상상력 네트워크

메타인지를 제대로 활용하는 사람들을 보면 창의성도 뛰어남을 알 수 있다. 그들은 결코 많은 사람이 선택한 길, 안전한 길, 검증된 길로 가지 않는다. 자신만의 새로운 길을 강구할 뿐 아니라 우리가 전혀 생각하지 못한 방법을 제시할 때가 많다.

많은 부모가 자녀의 창의성이 높기를 바란다. 하지만 창의성이 무엇인지, 어떻게 창의력이 뛰어난 사람이 되는지는 알려하지 않는다. 창의성 또한 IQ처럼 타고난 능력이라고 믿는 까닭이다. 새로운 문제를 해결할 수 있는 능력을 창의성이라고 정의한다면, '창의성을 어떻게 기울 수 있을까?'라는 질문보다는 '어떻게 하면 우리 아이의 창의성을 죽이지 않을까?'라는 생각으로 접근해야 한다.

창의성은 아이들의 노력하는 과정, 어려운 문제를 대하는 태도, 실패에 따른 부정적 감정을 견디는 능력과도 관련이 높다. 어떤 연구자는 창의성에서 가장 중요한 요소로 '균형 능력'을 꼽을 정도다. 여기서 균형 능력이란 실력과 문제의 난이도 간 균형을 의미한다.

아이들은 주어진 문제가 자신의 능력보다 쉬우면 쉽게 지루해한다. 반대로 자신의 수준을 능가하는 어려운 문제를 접하면 스트레스를 받고 학습 속도 또한 더뎌진다. 때문에 아이의 창의성을 키우려면(혹은 떨어뜨리지 않으려면) 아이의 수준에서 크게 벗어나지 않는, 현재 아이의 수준보다 조금 어려운 문제를 풀게 하는 게 좋다.

더불어 많은 전문가가 '아이에게 스스로 생각할 시간을 주는 게 창의성을 높이는 중요한 방법'이라고 말한다. 이를 증명한 실험을 보자.

실험자는 아이들 앞에 물건을 몇 개 놓아주고 그것들을 얼마나 다양하게 사용하느냐를 기준으로 창의성을 측정했다. 가령 아이에게 벽돌을 하나 주고 아이가 그것을 다양하게 사용할수록 창의성이 높다고 보는 식이다. 실험자들은 뇌의 어떤 부분이 창의성과 관계가 있는지 알아보기 위해 아이들이 놀이에 집중하는 동안 fMRI로 뇌 활성화를 관찰했다. 그 결과 아이들이 물체의 용도를 다양한 방법으로 활용하기 위한 생각을 할 때, 메타인지와 관련된 뇌 부분이 활성화됨을 알 수 있었다. 문제를 풀 때나 자기 생각에 집중할 때 뇌의 비슷한 부분들이 자극된 것이다. 이러한 결과는 창의성이나 창조적 사고가 메타인지와 깊은 연관이 있음을 알려준다.

덧붙여 연구자들은 창의성을 억누르지 않으려면 '자기 거울'을 보는 시간이 필요하며, 자기 거울에 집중하면 머릿속에 있는 기억과 감정을 쉽게 꺼낼 수 있다고 이야기한다. 이를 '기본 모드^{default mode}' 혹은 '상상력 네트워크^{imagination network}'라 칭하는데, 이와 관련하여 연구자가 덧붙인 설명은 다음과 같다.

"뇌의 여러 영역을 사용하는 상상력 네트워크는 과거를 기억하고 미래를 생각하며 다른 시각과 시나리오를 볼 수 있게 합니다. 또한 이야기를 이해하고, 나 자신을 이해하며 경험을 통해 의미를 창조해냅니다. 그러나 불행히도 대부분의 사람들은 자신을 바라보는 시간을 일부러 마련하려 하지 않습니다."

모든 변화는
나를 아는 것에서
시작된다

1

당신을 가장 잘 아는 사람은
당신이다

"오늘 날씨가 참 좋죠" "식사는 하셨어요?" "우산 챙기셨어요? 오후에 비가 온대요!" 등은 우리가 일상적으로 주고받는 가벼운 인사치레다. 그리 친분이 깊지 않은 사람과 인사치레를 주고받는 것을 '한담 閑談, 심심하거나 한가할 때 나누는 이야기'이라고 하는데, 나는 이런 잡담이 메타인지의 중요한 기술 중 하나라고 생각한다. 누군가에게는 의미 없는 대화의 연속이지만 잡담을 하려면 눈치와 창의성이 필요하기 때문이다.

우리는 과연 몇 살 때부터 이런 종류의 이야기를 잘 나눌 수 있게 되었을까? 아이들은 언제부터 모르는 사람과 이러한 잡담을 나눌 수 있을까? 메타인지를 제대로 이해하기 위해 한번 살펴볼 문제다.

언젠가 나는 한국에 다소 오랜 기간 동안 머무르게 되어 딸아이를 한국 초등학교 1학년에 입학시켰다. 하루는 스쿨버스를 기다리기 위해 버스정류장에 갔는데 이미 다섯 명 정도가 줄을 서 있었다. 우리 아이와 같은 학교에 다니는 친구들이니 매일 만나게 될 거라는 생각에 옆에 서 있던 다른 학부모에게 밝게 인사를 건넸다. 미국에서는 버스정류에서 기다리는 사람들끼리 안부를 묻거나 잡담을 하는 게 일상이기에 나의 인사에 상대가 당연히 반응하리라고 생각했다.

하지만 나의 예상은 보기 좋게 빗나갔다. 그들은 안전지대도 없이 성큼 자신의 영역으로 침범한 나를 당혹스러운 표정으로 바라봤다. 매일 아침 버스정류장에서 만났지만 결국 우리는 한 학기 내내 서로의 이름도 모른 채 지냈다. 미국에서 자랐지만 한국의 정서를 더 많이 품고 있는 나로선 옆 사람과 억지로 대화를 나누지 않는 한국의 문화가 더 좋다. 하지만 메타인지적 관점에서 봤을 때는 조금 다르다.

미국에서는 버스정류장, 마트, 카페 등 장소와 상관없이 처음 만나는 사람과 일상적인 이야기를 나누는 게 당연한 일이다. 별것 아닌 듯하지만 이런 상황에 놓일 때마다 우리의 머릿속은 엄청 복잡해진다. 억양, 말투, 목소리의 크기, 웃음이 지속되는 시간, 상대의 표정 등을 고려하며 대화를 이어나가야 하기 때문이다. 이 과정에서 우리는 알게 모르게 많은 메타인지를 활용한다.

너는 가만히 있어

문제는 자신의 생각을 다른 사람에게 말로 표현하는 일엔 반드시 위험이 따른다는 데 있다. 의도치 않은 '말실수'로 타인의 마음을 다치게 하거나 불편한 상황을 초래하기도 하는 식으로 말이다.

내가 아주 어린 시절 한국을 방문했을 때의 일이다. 일가친척이 모인 자리에서 내가 친척 어른에게 사벼운 농남을 건넸다. 그런데 친척 어른은 "내가 네 친구야?"라며 화를 내셨다. 내가 너무 어려서 한국 문화와 맞지 않는 농담을 던졌을 수도 있고, 친척 어른의 민감한 부분을 건드렸을 수도 있다. 어쩌면 상황에 전혀 어울리지 않는 말을 내뱉었을 가능성도 있다. 이유야 어찌됐든 긍정적인 경험이 아님은 분명하다.

한국의 부모들은 아이들에게 "너는 가만히 있어"라는 말을 자주 사용한다. 미국에서는 이런 종류의 말이 없지만, 설령 비슷한 표현이 있다 해도 사용하는 사람이 거의 없다. 하지만 나는 한국인 부모 밑에서 성장했기에 미국에서도 "가만히 있어"라는 말을 자주 들었다. 어린 시절의 내가 말수가 적었던 이유는 영어가 서툰 탓도 있었지만 부모님의 이런 가르침도 영향을 미쳤으리라 생각된다. 그런데 말을 적게 하면 표정도 어두워진다는 사실을 아는가? 기쁨과 슬픔, 환희와 분노, 성취와 좌절 등의 감정을 말로 표현하지 않다 보니 표정도 점차 굳어지는 것이다. 이런 까닭에 나의 여러 메타인지 중 감정을 표현하는 부분은 더디게 발달한 것 같다.

의사표현을 자발적이자 적극적으로 해야 하는 미국 문화와 조용하고 얌전히 있어야 하는 한국 문화 사이에서 늘 균형을 찾아야 했던 나의 눈에 들어온 실험이 하나 있다. 문화에 따른 감정 표현 방법을 연구한 간단한 실험이다.

실험자는 미국인과 일본인 피험자들을 대상으로 긴장감 넘치는 짧은 영화를 한 편 보여주었다. 실험자는 피험자들이 각자 영화를 보는 동안 그들의 표정을 영상으로 녹화했고, 영화 감상이 끝난 후 피험자들이 진행자와 짧은 인터뷰를 나누는 것으로 실험은 종료됐다.

실험 결과 미국인과 일본인 모두 혼자 영화를 보고 있을 때는 별다른 표정 변화를 보이지 않았다. 그런데 인터뷰에서는 다른 양상이 나타났다. 미국인들은 영화를 보면서 느꼈던 부정적 감정을 온갖 표정과 몸짓을 써가며 솔직하게 표현한 반면 일본인들은 부정적인 느낌도 긍정적으로 표현해냈다. 아니 일부러 부정적인 감정을 보여주지 않으려는 듯 했다. 이 연구 결과를 보면 일본 문화에 속한 사람들은 어린 시절부터 자신의 감정을 타인에게 쉽게 드러내면 안 된다고 배우는 경향이 높음을 추론할 수 있다.

나는 이 연구 결과를 보며 많은 생각을 했다. 솔직히 나는 미국 사회와 한국 사회 두 곳 모두에서 '실패'할 것이 두려웠다. 한 문화 속에서는 말을 너무 못했고 다른 한 문화 속에서는 말을 너무 많이 하는 것 같았기 때문이다. 결국 나는 서로 다른 두 나라 문화 사이를 맴돌며 끊임없이 눈치를 봐야 했다. 균형점을 찾아 어떻게든 실패를 피하려고 애를 썼다. 하지만 나 자신을 믿는 것 외에는 방법이 없었다. 그리고 지금은 나 자신을 믿는 것만큼 중요한 일이 없다는 걸 안다.

누가 너를 가장 잘 알지?

딸아이가 유치원에 다닐 때의 일이다. 그 누구보다 열심히 수영을 다니던 아이가 어느 닐 깁자기 더 이상 수영 학원에 다니기 싫다고 했다. 수영 선생님이 아이들에게 수영장을 쉬지 않고 한 바퀴 돌아보라고 요구하셨는데, 딸은 수경에 물이 차서 반 바퀴밖에 돌 수 없었다는 것이다. 이런 사정을 알 리 없는 선생님은 아이가 수경을 고쳐 쓸 시간도 없이 계속 수영하기를 요구했고, 딸아이는 선생님의 지시를 자신이 완벽히 수행할 수 없을 거라는 판단에 힘들었다고 한다.

"엄마, 나 수영 그만둘래. 선생님을 실망시키기 싫어."

아이의 말을 듣는 순간 머리가 멍했다. 선생님을 실망시키는 게 그렇게 무서울까? 상대를 실망시키는 게 두려워 어린아이가 이렇게까지 스트레스를 받아야 하나? 상황을 해결하기 위해 나는 아이와 대화를 이어나갔다.

"세린아, 누가 세린이를 가장 잘 알아?"

우물쭈물하며 나를 바라보던 아이가 자신감 없는 목소리로 답했다.

"엄마?"

나는 고개를 가로저었다. 잠시 생각을 한 후 아이는 다시 대답했다.

"선생님?"

예상치 못한 아이의 대답에 나는 슬퍼졌다.

"세린이, 바로 네가 너 자신을 가장 잘 알고 있어. 네가 배가 아픈 걸 너 스스로 알고 있는 것처럼 말이야. 수경 때문에 눈에 물이 들어갔던 걸 엄마도 선생님도 몰랐잖아. 너 자신을 믿어야 해."

이 일이 있고 난 후 나는 기회가 있을 때마다 아이에게 말했다. 어른들이 뭐라고 해도 불편하거나 겁이 나는 상황이라도 '네 생각을 믿어야 한다'고 말이다. 어느 정도 시간이 흐른 후 나는 딸에게 똑같은 질문을 던졌다.

"세린아, 누가 세린이를 가장 잘 알지?"

나의 질문에 아이는 활짝 웃어 보이며 이렇게 대답했다.

"나, 자신!"

한국 아이들은 정말 착하고 순하다. 우리 딸아이처럼 어른 말을 거스르지 않고 순종하며 잘 따르고 싶어 하고, 아프고 힘들어도 웬만하면 참는 버릇을 기른다. 시대는 빠르게 변했지만 이 점만큼은 "너는 가만히 있어"라는 말을 듣고 자랐던 나의 어린 시절과 비슷한 것 같다. 아이가 자기 느낌과 생각을 말하지 못하고 계속 입을 다물고 있으면 정말로 아플 때, 스트레스를 받을 때에도 오롯이 혼자 견뎌야 한다. 도움을 요청하는 법을 배우지 못했고 혼자 인내하는 것이 큰 미덕이라고 배운 탓이다. 아이들에게 있어 이는 무척이나 가혹하고 힘든 상황이다.

세상 모든 아이들에게 "누가 너를 가장 잘 알지?"라고 물어보면 "내가 가장 잘 알지"라는 대답이 나와야 옳다. 메타인지는 아이가 3~4세 때부터 발달하는데(사실 이보다 더 어린 시절부터 단순 메타인지 판단은 가능하다) 이때 아이들이 '나 자신'이 아닌 '타인'이 자기를 잘 안다고 생각하면 엄마들이 그토록 중요하게 생각하는 자존감이 낮아진다. 내가 아닌 타인의 기준으로 생각하고 움직이는데 어떻게 자존감을 키울 수 있겠는가. 더불어 도전에 당면했을 때 이를 해결할 수 있는 힘도 가질 수 없게 된다.

2

부모의 믿음은
최고의 보상이다

실험 결과를 보는 것은 언제나 흥미롭다. 그런데 '어떤 현상'에 대한 연구 결과들이 항상 일관되게 도출되는 것은 아니다. 같은 내용으로 실험을 해도 과거와 달리 새로운 결과가 나오거나 참가자들의 특성에 따라 전혀 다른 결과가 나오기도 한다. 연구에서 가장 어려운 점은 실험실에서의 결과가 현실 세계에서도 동일하게 적용될지를 예측하는 것이다. 메타인지 연구가 특히 그렇다. 자기 자신을 언제나 같은 방식으로 성찰하는 사람은 없기 때문이다.

미국에서 진행되는 메타인지 실험이 꼭 모든 문화에 적용되진 않는다는 사실도 중요하다. 실험이나 연구 결과가 모든 아이에게 적용될 것이라고 생각하면 안 된다는 뜻이다. 이 책에서 소개하는 메타인지 실험 결과들은 부모가 아이의 입장에서 아이를 생각하고, 아이들의 수준과 속도에 맞는 학습 목표를 고민해보는 것으로만 참고했으면 좋겠다.

논문에 대해서도 할 말이 있다. 논문은 전문적인 내용이 많이 생략된 채 학술지에 게재된다. 사람들이 쉽게 읽고 따라 할 수 있게끔 작성된 문서도 아니다. 그런데 '경쟁에서의 승리' 또는 '외부로부터 주어지는 보상'에 매몰된 부모들은 특정 연구 결과를 본 뒤 그것을 맹목적으로 자신의 아이에게 대입시키려 한다. 부모가 메타인지 형성 과정을 배워서 아이에게 알려주려 하는 것이다. 다시 한 번 말하지만 메타인지는 아이 스스로 형성하는 것이지 부모가 대신 배워서 아이에게 알려줄 수 있는 영역이 아니다.

모차르트 효과

1993년 학술지 「네이처Nature」에 실린 실험을 하나 보자. 실험자는 학생들을 A, B, C 세 집단으로 나누었다. 그리고 A 집단에게는 모차르트Mozart가 작곡한 '두 대의 피아노를 위한 소나타 D장조, K448Sonata for Two Pianos in D Major, K.448'로 긴장을 풀어주고, B 집단에게는 시험 전 '스트레스를 받지 말라'는 말로 이완verbal relaxation을 시켜주었다. 그리고 마지막 C 집단에게는 아무런 행동을 취하지 않은 채 그냥 조용히 있게 했다.

이후 실험자들은 세 집단의 피험자들에게 세 가지 공간 추론 문제를 제시하고 그중 하나를 골라 풀게 했다. 그 결과 처음에는 모차르트 음악을 들은 학생들이 그렇지 않은 학생들보다 조금 더 높은 정답률을 보였다. 하지만 15분이 지난 후에는 세 집단의 집중도 및 긴장도가 비슷해졌다.

그런데 이 연구 결과가 발표되자 사람들은 '모차르트 음악을 들으면 똑똑해진다'라고 믿기 시작했다. 당시 미국 레코드 가게에는 '두 대의 피아노를 위한 소나타 D장조, K448'이 실린 음반과 카세트테이프가 동이 났을 정도였다고 한다.

그리고 모차르트 효과의 신화를 쫓는 사람들은 또 있다. 바로 임산부들이다. 어느 순간부터 태교하는 대부분의 엄마들이 뱃속의 아기에게 모차르트 음악을 강박적으로 들려주기 시작했다. 이는 아직 태어나지도 않은 아기들이 다른 아기들보다 똑똑해지기 위한 '경주'에 뛰어들었음을 의미한다.

'모차르트 음악을 듣기만 해도 뇌의 활동이 촉진되어 지능이 향상된다'는 모차르트 효과 Mozart effect 는 널리 퍼져 『대중심리학의 50가지 신화 50 Great Myths of Popular Psychology』라는 책에 소개되기도 했다. 이후 여러 연구자들이 모차르트 효과에는 과학적 증거가 없다는 실험 결과를 발표했지만, 뱃속의 아이에게 강박적으로 모차르트 음악을 들려주는 예비 엄마들이 여전히 많은 현실이다.

다시 한 번 이야기하지만 아무리 좋은 실험이라도 그 결과가 모두에게 적용되는 것은 아니다. 부모의 믿음만 있으면 아이는 자신감을 얻을 수 있다. 아이가 자신감이 없으면 정작 중요한 것은 놓친 채 부가적인 것들에 집중하게 되고, 주변 사람과의 경주에 더 많은 에너지를 쏟게 된다.

모르는 것을 인정하는 용기

언젠가 딸아이와 친구들이 대화하는 것을 우연히 들었다. 특정 주제에 대한 이야기가 나왔는데, 친구들 중 한 명이 아직 그 내용을 배우지 않은 모양이었다. 그러자 한 아이가 바로 그 친구의 약점(약점이라고 할 수도 없지만)을 붙잡고 놀리기 시작했다.

"아이고, 넌 아직 그것도 모르니? 바보 아냐?"

아이들이 '속도 경주'에 빠져 있음을 보여주는 단적인 예다.

아이가 모르는 부분은 앞으로 차근차근 배우면 된다. 이 아이는 앞으로 배울 수 있는 시간도 많다. 하지만 옆에서 이런 반응을 보이면 아직 그 내용을 배우지 못한 아이는 부끄러움을 느끼고 위축될 수밖에 없다. 이런 경험이 반복될 경우 아이는 자신이 모르는 것에 대해 말을 아예 하지 않거나 그 사실을 숨기려 든다. 최악의 경우에는 모르는 것을 아는 척하며 순간을 모면하려는 잔꾀를 부리기도 한다. 자신이 '모른다'는 사실을 점점 인정하기 힘들어지는 것이다.

나 역시 어린 시절 비슷한 일이 많았다. 유치원에서 영어를 제대로 못하거나 어떤 단어를 잘못 발음했을 때 친구들의 놀림을 받았고 그럴 때마다 엄청난 부끄러움을 느꼈다. 창피함을 피하기 위해 점점 말수가 줄었고 감정을 표현하는 법에 서툴러졌다.

그런데 유치원 입학을 앞둔 내 아이들에게서도 나의 어린 시절 모습이 나타났다. 내 아이들 역시 한국말은 잘했지만 영어를 잘 구사하진 못했기 때문이다. 미국에서 유치원에 입학하기 전, 나는 아이들을 앉혀놓고 다음과 같이 이야기했다.

"친구들이 영어를 왜 못하느냐고 물으면 창피해하지 말고 '나는 한국말을 잘해. 영어는 지금 배우는 중이야'라고 당당하게 이야기하렴."

실제로 아이들에게 이렇게 말하는 법을 연습시키기도 했다. 아이들에게 '모르는 건 나쁜 게 아니며 모를 수도 있다는 사실을 인정하는 게 더욱 중요하다는 것'을 알 수 있게 하기 위함이다. 더불어 배우는 과정에서 실수를 할 수도 있고, 배우는 속도가 아주 느릴 수도 있지만 절대 창피한 일이 아님을 알려주고 싶었다.

말은 이렇게 하지만 나 역시 조급한 엄마일 때가 많다. 얼마 전 아들과의 일이다.

"기욱아, 그거 몰라?"

"난 아직 그걸 안 배웠는데 내가 어떻게 알아?"

"…."

"엄마, 그게 뭔데? 지금부터 배우면 되겠다!"

이런 순간마다 나는 "엄마, 이거 보통 일이 아니야"라고 속삭이던 아들의 말을 떠올린다. 그리고 '아, 내가 또 올챙이 시절을 잊은 개구리가 되었구나'라고 반성하며 올챙이 시절의 어려움을 기억하기 위해 노력한다.

학습 속도는 사람마다 다르기에 생각보다 배우는 데 오랜 시간이 걸릴 수 있으며, 그 과정 또한 쉽지 않음을 인정해야 한다. 부모가 이런 생각을 가지는 순간 비로소 아이는 자신이 느리다고 창피해하지 않고 스스로의 능력을 의심하지 않으며 쉽게 포기하지 않는 법을 배우게 된다. 자신의 메타인지를 발달시킬 수 있는 길로 들어서는 것이다.

3

자기신뢰의 힘

어느 국가에 살고 있든 일단 그 나라의 언어를 제대로 구사하지 못하는 사람은 자신감을 쉽게 잃기 마련이다. 미국과 한국 문화 사이 어딘가에서 헤매던 어린 시절의 나는 늘 자신감이 부족했고, '성공하지 못할 것'이라는 불안감에 시달렸다. 자신감이 부족한 아이는 자기 머리에서 나오는 생각을 믿기 힘들어하고, 공부를 할 때도 스스로 생각하기보다는 자기보다 뛰어난 사람의 말에 동의하고 따르는 편을 선택한다. 이 선택이 때로는 가장 안전한 길일 수도 있지만 메타인지와 관련해서는 가장 위험한 길이다. 자기신뢰, 자기확신이 얼마나 중요한지를 증명해주는 다음의 실험을 보자.

실험자는 피험자들을 대상으로 길이가 다른 세 개의 직선 중 보기와 같은 길이의 선을 고르게 했다. 육안으로도 확연히 구분될 정도로 선의 길이가 달랐기에 피험자들은 별 고민 없이 쉽게 답을 찾을 수 있었다.

같은 피험자들을 대상으로 실험자는 곧바로 두 번째 실험을 실시했다. 앞의 것과 같은 시험 문제였는데 시험을 치르는 방식에 변화를 줬다. 첫 번째 실험에서는 피험자 혼자 시험을 치르게 했지만 두 번째 시험에서는 피험자를 제외한 7~8명의 사람들과 함께 시험을 치르게 한 것이다. 여기에는 하나의 트릭이 숨겨져 있었는데, 피험자 본인을 제외한 나머지 참가자들은 모두 연기자라는 사실이다.

첫 번째 실험과 마찬가지로 두 번째 실험에서도 피험자에게는 '길이가 다른 세 개의 직선 중 보기와 같은 길이의 선을 고르라'는 문제가 제출됐다. 앞선 실험에서와 마찬가지로 피험자는 쉽게 정답을 골랐다. 하지만 연기자들은 일부러 오답을 선택했다. 누가 봐도 1번이 정답이지만 연기자 모두 3번이라는 오답을 택하는 식이었다. 이런 상황이라면 당신은 어떤 선택을 하겠는가? 스스로의 생각을 의심하지 않고 자신의 주장을 펼칠 수 있겠는가?

실험 결과는 놀라웠다. 딱 한 명의 피험자를 제외하고 대부분의 참가자가 연기자들의 오답에 동조한 것이다. 참고로 이 실험에 참가한 피험자들의 인지 능력은 정상이었고 시력에도 이상이 없었다.

실험이 끝난 후 실험자는 피험자들을 대상으로 인터뷰를 실시했다.

그중 한 사람은 다음과 같은 말로 자신의 심정을 토로했다.

"고민과 의심 그리고 유혹이 커졌다."

아마도 실험 참가자들은 연기자들이 틀린 답을 이야기할 때마다 두려움을 느꼈을 것이다. 세 개 선의 길이를 제대로 비교하지 못하는 자신의 시력에 대한 불신이 아니라 스스로를 믿지 못하는 불신에서 오는 두려움 말이다.

연기자들의 오답 향연에도 불구하고 꿋꿋이 정답을 맞힌 피험자의 인터뷰가 매우 인상적이었는데, 그의 말을 요약하면 다음과 같다.

"내가 틀린 거라면 왜 그런 건지 그 이유를 알고 싶었다. 그리고 나는 다른 사람과 내가 다르다는 사실에 익숙하다. 다른 참가자들이 잘못 봤다고 생각하기보다는 그냥 뭔가가 잘못됐다고 생각했다."

그의 말을 조금 더 세밀하게 분석해보자. 첫 번째, "내가 틀린 거라면 왜 그런 건지 그 이유를 알고 싶었다"라는 말은 곧 '왜 나 혼자 다르게 본 건지 그 이유를 알아야겠다'는 의미다. 남들이 하는 대로 그냥 따라가면 자신이 다른 사람과 왜 다른지 알 수가 없기 때문에 자신이 옳다고 생각한 답을 이야기했다는 것이다.

두 번째, "나는 다른 사람과 내가 다르다는 사실에 익숙하다"라는 말은 곧 자신이 다른 사람과 다르다는 것을 이미 많이 경험했고, 다른 사람과 다르다는 사실이 부끄럽거나 창피하지 않다는 의미다. 메타인지도 이와 비슷하다. 어릴 때부터 실수가 잦아도 그게 일상적인 것임을 배우면 자기 생각과 자기 의견에 대한 믿음을 가질 수 있다.

세 번째, "다른 참가자들이 잘못 봤다고 여기기보다는 그냥 뭔가가 잘못되었다고 생각했다"라는 말은 곧 상황을 객관적으로 볼 수 있다는 의미다. 이는 메타인지가 기반이 돼야만 가능한 현상이다.

메타인지의 목적은 아이를 1등으로 만들거나 명문대에 입학시키는 것이 아니라 아이가 주체적으로 자신의 삶을 개척하고 행복을 느끼도록 만드는 데 있다. 하지만 메타인지가 약해 '나 자신'이 아닌 '타인의 시선'이 중심이 돼버린 아이들은 자신보다 옆 사람의 의견에 더 집중한다. 가족과 친구들의 말은 믿으면서 자신의 생각은 믿지 않는다.

어느새 토끼가 되어버린 아이들은 거북이 같이 느린 친구에겐 먼저 경주를 제안하며 스스로를 과시한다. 자신보다 느린 친구를 이길 수 있을 것이라는 착각 때문이다. 그러나 진정한 자기만족, 자기확신, 자아존중감은 타인과의 경쟁이 아닌 나의 욕구에 집중할 때 얻을 수 있다. "내가 과연 이 일을 할 수 있을까?"라며 스스로를 믿지 못하는 아이와 "나는 꼭 해낼 수 있어"라며 자신을 믿는 아이가 있다고 할 때, 어떤 아이가 성공적인 결과물을 만들어낼지는 너무나 명확하지 않은가.

4

아이를 지식 전달자로 만들어라, 티칭 훈련

메타인지를 키울 수 있는 가장 좋은 방법은 '누군가를 가르쳐보는 것'이다. 지식 수신자가 아니라 아이 스스로 지식 전달자가 되어보는 것, 이보다 쉽게 메타인지를 높일 수 있는 방법도 없다. 이와 관련된 다음의 실험을 보자.

실험자는 피험자인 학생들을 A, B로 나눈 후 두 집단 모두에게 공통된 하나의 글을 제시했다. 실험자는 A 집단에게는 '일정 시간이 지나면 제시문과 관련된 시험을 볼 것'이라 말하고, B 집단에게는 '일정 시간이 지나면 제시문을 다른 학생에게 가르쳐야 하니 이를 준비하라'

고 일렀다.

일정 시간이 지난 후 실험자는 두 집단 모두를 대상으로 시험을 치렀다. 단, 시험에 앞서 B 집단의 학생들에겐 '여러분이 가르쳐야 할 사람은 사정이 생겨 오지 못하게 되었으니 그 대신 시험을 보겠다'고 양해를 구했다. 결과적으로 실험에 참가한 학생들 모두는 같은 시간 동안 시험을 준비했고, 같은 내용의 시험을 보게 된 것이다. 과연 어느 집단의 시험 점수가 더 높게 나왔을까?

예상했겠지만 B 집단의 성적이 훨씬 더 좋은 것으로 나타났다. 여기서 주목해야 할 점은 실제 타인을 가르치지 않고 그저 가르칠 준비를 한 것만으로도 점수가 높게 나왔다는 사실이다. 도대체 왜 이런 결과가 나왔을까?

실험자들은 아이들이 '학생'의 관점이 아닌 '선생님'이라는 관점으로 스스로를 바라본 게 주된 이유라고 말한다. 시험을 치르는 학생의 관점과 누군가를 가르쳐야 하는 선생님의 관점은 매우 다르기 때문이다. 스스로를 선생님이라고 생각한 순간 학생들은 학습에서 의미 있는 부분을 파악하고, 각 내용의 중요성을 정리한 후 이를 어떻게 연결할 것인지를 생각하게 된다.

자신이 '바라보는 관점에 따라 정보의 가치와 지식의 확장이 달라진다'는 실험자들의 의견에 나 역시 동의한다. 실제로 내가 진행하는 토론 수업의 풍경을 보면 관점의 변화가 학생들에게 어떤 영향을 미치는지 잘 알 수 있다.

관점을 바꾸면 메타인지가 보인다

학교에서 토론 수업을 할 때면 나는 학생들에게 하나의 주제를 정해준다. 가령 '동물에게는 언어가 있을까?' 같은 주제를 제시하고 학생들에게 찬반 의견을 선택하게 하는 식이다. 학생들은 자신의 소신에 따라 '동물에겐 언어가 있다고 찬성하는 파'와 '동물에겐 언어가 없다고 반대하는 파'를 구성한다.

토론에 참석하는 학생들 모두 엄청난 정보를 기반으로 자신만의 생각을 정리해나간다. 토론에서 승리하려면 관련 정보를 습득하는 것에서 끝나는 것이 아니라 상대의 관점에서 자기 진영을 바라보는 것도 연습해야 한다. 어떤 근거와 논리가 부족한지, 상대가 나의 어떤 약점을 공격해올지, 방어를 위해 무엇을 준비해야 하는지 등을 체크해야 한다. 이런 과정은 지식의 확장을 불러일으키며 주관적인 자신의 생각을 보다 객관적으로 검증하게 만든다. 더불어 미처 깨닫지 못했던 사실을 파악하여 생각의 오류를 바로잡는 것도 가능케 해준다.

토론 당일에는 동료 교수 몇몇이 '판사' 역할로 수업에 참여한다. 토론이 시작되면 학생들은 한 명씩 돌아가며 짧게 자신의 주장을 펼친다. 그다음엔 자유토론 시간이 이어지고 마지막으로 양측에서 최후의 변론을 마친 후 토론을 종료한다.

판사들은 두 팀의 학생들이 얼마나 설득력 있는 주장을 펼쳤는지, 주장을 뒷받침하는 근거(데이터)는 충분히 제시했는지, 간결하고 논리적인 설득이었는지 등을 중심으로 토론을 평가한다. 이러한 사실을 잘 아는 학생들은 자신의 팀과 관련된 정보뿐 아니라 상대 팀의 의견을 파악하고 그 근거를 뒷받침하는 데이터를 수집한다. 상대의 허를 찌르는 결정적 공격 무기를 준비하기 위해서다.

그런데 예상치 못한 몇몇 상황으로 인해 토론 시작 직전 학생들이 팀을 바꿔야 하는 경우가 생기기도 한다. '동물에게 언어가 있다'는 주장을 준비했던 팀의 학생이 '동물에게 언어가 없다'는 주장으로 소속을 변경하는 식이다. 이는 관점 자체를 바꾸는 것과 같다. 이런 경우 반대 근거에 대해 충분히 공부하지 못한 학생은 자신이 무슨 말을 하는지도 모른 채 우왕좌왕하며 토론을 끝낸다. 같은 상황임에도 여유를 잃지 않는 학생들도 종종 눈에 띄는데, 이들은 상대 팀(자신이 원래 소속되어 있던 팀)의 데이터를 모두 파악하고 있으므로 이야깃거리가 오히려 많다고 생각한다. 이런 학생들은 토론에서 승리하는 것보다는 실제로 자신이 어느 쪽 의견에 더 동의하는가에 대한 관심이 많다.

이처럼 관점을 바꾸는 것은 메타인지를 키우는 데 매우 중요한 과정이다. 아이의 메타인지를 성장시키고 싶다면 관점을 바꾸는 법을 연습시켜야 한다. 앞서 말한 것처럼 티칭 훈련만 시켜도 아이들은 지금과 전혀 다른 시선으로 현상을 바라보게 될 것이다.

5

아이의 메타인지를
우선시하는 부모인가?

아이를 키우면서 나는 '실패는 곧 학습'임을 다시 한 번 깨달았고 아이가 아무리 엉뚱한 생각을 해도 이를 믿고 지지해야 한다고 다짐했다. 종종 '아이들을 방치하지 말라'고 조언하는 사람도 있었지만 나는 아이들이 원하는 방향과 아이들의 생각을 존중하려고 노력했다. 하지만 나의 노력과 상관없이 외부적 요인으로 아이의 생각이 완전히 무시당하는 경우도 있다. 아이가 유치원이나 학교 등 새로운 사회에 속하면 이런 경우는 더욱 잦아진다. 그럴 때마다 부모로서 균형 잡기가 참어렵다는 것을 느낀다.

영어가 서툰 아들이 미국에서 유치원에 입학했을 때의 일이다. 입학 후 1주일도 지나지 않았는데 아이의 담임선생님으로부터 메일 한 통을 받았다. 아들이 친구를 때렸으니 주의를 기울여달라는 내용이었다.

선생님의 메일에 무척 놀랐지만, 지금까지 누군가를 때린 적이 없는 아이였기에 아이의 입을 통해 정확한 내용을 파악하기 전까지 나는 아무런 판단을 하지 않기로 했다. 영어에 서툰 아이가 자신의 입장을 명확하게 표현하지 못해 일어난 일 같은데, 상황을 제대로 알아보지도 않고 무조건 부모에게 주의를 부탁하는 선생님의 대처도 옳지 않다는 생각이 들었다.

그날 저녁 집으로 돌아온 아이에게 상황을 물어봤다. 아이는 유치원에서 친구와 다툼이 있었고 그 친구를 때린 것도 사실이라고 했다. 한 친구가 아들의 영어 발음이 이상하다고 계속 삿대질을 하며 비웃었고, 아들은 그 친구의 행동이 부당하다는 생각에 명확한 발음으로 "STOP!"을 외쳤다고 한다. 하지만 그 친구는 놀림을 멈추지 않았고 참다못한 아이가 친구를 때리고 만 것이다.

아이의 이야기를 듣고 나니 앞뒤 상황을 정확히 파악하지도 않은 채 '친구를 때렸다'는 행위에만 초점을 맞춘 선생님이 야속하게도 느껴졌다. 그럼에도 폭력은 정당화할 수 없기에 아이에게 '다음에도 같은 일이 생기면 친구를 때리지 말고 선생님께 말씀 드리라'고 이야기했다. 놀린 친구가 분명 잘못은 했지만, 그 친구도 어리기 때문에 자기가 처음 듣는 영어 발음이 신기하고 재미있었을지 모른다는 설명도 덧붙였다. 그리고 나는 아이와 대화를 끝낸 뒤 선생님께 연락을 드렸다. 아들도 친구를 때리면 안 된다는 사실을 잘 알고 있으니 앞으로 그런 일은 없을 거라고, 하지만 선생님께서도 왜 이런 상황이 일어났는지 알고 계셔야 할 것 같다고 말이다.

이튿날 아침, 상대 아이의 부모로부터 전화가 걸려왔다. 그녀는 자신 역시 이민자라며 우리 아들이 겪고 있는 상황을 충분히 공감하고 있다고 했다. 자신의 아들에게 '기욱이는 현재 영어를 배우는 중이니 놀리면 안 된다'는 주의를 주었다고도 말했다. 연신 미안함을 표현하는 그녀에게 나 역시 미안하다는 말을 전했다.

이처럼 외부의 요인으로 아이의 생각이 완전히 무시당했을 경우 부모는 그 누구보다 냉정해져야 한다. 상황을 정확히 파악해야만 아이가 무엇을 잘못했는지 이해시킬 수 있고 문제 해결에도 도움을 줄 수 있다. 이때 부모가 문제를 제대로 해결하지 못하면 비슷한 상황이 발생했을 때 아이는 같은 행동을 할 확률이 높다. 친구와 다투고 싸우고 화해하기를 반복할 수밖에 없다는 뜻이다.

또 하나, 이런 상황을 제대로 바로잡지 못하면 아이가 고정관념의 위험에 빠지기 쉽다. 실제로 그날 아들은 내게 '선생님은 이미 자신을 나쁜 아이라고 믿고 있을 것'이라 이야기했다. 말도 많고 탈도 많은 아이들을 돌보는 유치원 선생님의 입장에서 생각해보면 충분히 가능한 일이다. 특히 아들의 경우 유치원에 입학한 지 1주일도 지나지 않았으니 선생님이 아이를 제대로 파악하기 어려웠을 것 아닌가. 심적 여유가 없고 스트레스가 많은 상황에서는 누구라도 고정관념의 위험에 빠지기 쉽다.

나는 아들의 착각을 바로잡아주기 위해 '오늘 일은 선생님이 당시 상황을 제대로 알지 못해 일어난 일이다. 엄마가 선생님께 정확히 말씀 드리겠다'며 아이를 안심시켰다. '앞으로 선생님이 너를 잘 알게 되면 네 착한 마음도 보실 수 있을 것'이라는 말도 덧붙였다.

만약 유치원이나 학교에서 이와 비슷한 상황이 일어나면 당신은 어떻게 행동할 것인가? 아이를 먼저 혼낸 후 선생님과 다른 부모에게 죄송하다는 말을 하지 않았을까? 내 아이가 실수했을 것이라 단정하면서 말이다.

하지만 부모라면 누구나 아이의 생각과 느낌을 무시하지 않고 상황을 객관적으로 바라보려는 노력을 기울여야 한다. 만약 내가 아이의 말을 제대로 듣지 않고 상대 부모에게 사과를 먼저 건넸다고 생각해보자. 상대 부모는 '저 아이는 원래 문제 있는 아이'라 생각했을 것이고, 아이는 유치원에 채 적응하기도 전 '친구를 때리는 아이'로 주변에 인식됐을지도 모른다. 부모들이 유치원에서 일어나는 모든 상황을 알 수 없기에 단순한 소문으로 다른 아이를 판단하는 게 그리 이상한 일은 아니지 않은가.

나는 지금도 선생님의 메일을 받았을 당시 속상하고 답답했던 내 감정을 우선순위에 두지 않았던 것을 매우 잘한 일이라고 생각한다. 아이의 감정보다 내 감정을 중시했다면 '우리 아이가 어떤 생각을 하고 있는지' 절대 몰랐을 것이다. 선생님과 상대 부모와의 충돌이 두려워 그 상황을 피했다면 '감정적으로 친구를 때리는 나쁜 아이'라는 프레임에서 우리 아이를 구하지 못했을 수도 있다. 이런 경험이 자꾸 쌓이면 아이는 '내 생각은 중요하지 않다'는 생각을 하게 될 것이다.

외부적 환경의 요인으로 아이의 생각이 무시당하면 부모가 나서서 도와줘야 한다. 아이와 선생님 그리고 부모 자신도 고정관념의 위험에 빠질 수 있음을 인정하고 상황을 바로잡는 게 부모가 할 수 있는 최선의 선택이다. 마지막으로 아이는 부모의 믿음으로 성장한다는 사실을 잊지 말았으면 좋겠다.

두려움이 없으면
용기도 없다

처음부터 지금까지 나는 메타인지에 대한 이야기를 했다. 그럼에도 다시 한 번 물어보자.

"메타인지란 과연 무엇인가?"

이 질문의 대답으로 부모들이 가장 알고 싶어 하는 학습에 관련된 이야기를 먼저 해볼까 한다.

"메타인지는 자기의 거울이다. 자기의 모든 인지를 바라보는 능력이다. 그 거울을 제대로 볼 수 있다는 것은 자신에게 맞는 공부 전략과 방법을 열심히 찾아갈 수 있다는 말과 같다. 모니터링과 컨트롤이 잘

되면 학교 공부뿐 아니라 시험에서도 좋은 성과를 낼 수 있다."

덧붙여 메타인지가 얼마나 신비한 인간의 능력인지를 알게 해주는 실험을 하나 이야기해보려 한다. 이는 메타인지와 관련된 최초의 실험이기도 하다.

1965년에 진행된 이 실험은 '느낌'에 관한 것이었다. 실험자는 피험자들에게 상식에 관한 퀴즈를 낸 후 피험자가 정답을 맞히면 문제를 폐기했다. 만약 답을 맞히지 못할 경우엔 0~10까지의 기준을 두고 자신이 그 문제를 어느 정도 모르는지 체크하게 했다. 아예 정답을 모를 것 같으면 0을, 정답이 기억날 것 같으면 10을 선택하는 식이었다. 메타인지에서 너무도 중요하게 생각하는 '알고 있는 느낌 *feeling of knowing*'을 판단하게 한 것이다.

출제된 문제를 보고 정답을 모르겠다고 한 사람은 시험이 끝날 때까지 정답을 맞히지 못했지만, '나는 60퍼센트 정도 알 것 같다'고 체크한 사람은 신기하게도 정답의 60퍼센트 정도를 설명해냈다. 정확하고 분명하게 대답하진 못하지만 그 정보나 지식이 자신의 머릿속에 있음을 아는 것, 이것이 메타인지와 관련된 첫 번째 실험이었다. '자신이 알고 있다는 느낌'에 대한 판단 능력이 처음으로 언급된 실험이었던 것이다.

영어로 'feeling'이라고 부르는 '느낌'은 사실 어려운 단어다. 지극히 사적이고 개인적인 느낌은 자기 자신만이 알 수 있으며 타인에게 구체적으로 설명하기 힘들기 때문이다. 심리학의 아버지라 불리는 윌

리엄 제임스*William James*는 이와 관련하여 알기 쉬운 설명을 해줬다.

"우리가 잃어버린 이름을 다시 기억해내려 할 때, 우리 의식은 아주 특별한 상태를 보입니다. 그 의식 상태에는 틈이 있는데 이는 단순한 간극이 아니라 무척 활동적인 상태입니다. 그 틈에는 그 이름에 대한 일종의 유령 같은 것이 존재하는데 그것은 일정한 방향으로 우리에게 손짓하고, 친밀감으로 우리를 긴지럽히기도 하죠. 하지만 결국 우리가 찾고자 했던 그 이름을 찾지 못하게 한 채 우릴 틈 사이로 다시 가라앉혀버립니다."

서기 387년 성 어거스틴*St. Augustine*이라는 기독교 철학자는 하나님께 '고백*Confessions*'이라는 제목의 라틴어 편지를 썼는데, 여기에도 많은 메타인지 생각들이 등장한다. 인상 깊은 구절이 많았지만 그중 가장 기억에 남는 말은 다음과 같다.

"우리는 배운 것을 완전히 잊어버리지 않는다. 기억에서 완전히 지워졌다면 그것을 찾아야 한다는 생각도 들지 않을 것이기 때문이다."

무언가를 모르는 상황에 처할 경우, 우리는 스스로의 힘으로 그것을 충분히 찾아낼 수 있다. '충분한 시간'을 들여 '충분한 생각'을 하면 알고 있는 느낌을 단어와 문장으로 구체화할 수 있다. 다만 이러한 생각을 해낼 때까지 '버티는 용기'가 필요할 뿐이다.

대부분의 사람은 자신이 모르는 상태를 견디지 못한다. 사람들과 대화를 나누던 중 특정 브랜드나 영화배우의 이름이 생각나지 않던 순간을 떠올려보라. 가방의 모양은 기억나는데 브랜드명이 떠오르지 않거나, 배우의 얼굴과 영화 장면은 선명하게 떠오르는데 배우의 이름이 생각나지 않는 식이다. 이때 조금만 시간을 가지고 생각을 하면 누구나 브랜드와 배우 이름을 떠올릴 수 있다. 하지만 사람들은 기억이 가물가물한 그 상태를 버티지 못한다. 대개는 스마트폰이나 컴퓨터에 검색창을 띄워 곧바로 답을 찾아버린다.

학습도 마찬가지다. 책상에 앉아 공부를 하던 아이가 갑자기 엄마에게 묻는다.

"엄마, '친절하다'가 영어로 뭐야? f로 시작하는 것 같은데?"

f로 시작되는 단어를 안다는 것은 곧 아이의 머릿속에 그 정보가 있다는 이야기다. 아이에게 생각할 시간만 주면 틀린 스펠링이라도 어렴풋하게나마 단어를 유추해낼 수 있다. 하지만 부모가 이 시간을 버티지를 못하고 바로 인터넷을 뒤져 답을 찾아주거나, 그 자리에서 철자를 불러줘버린다.

"프렌들리잖아. f.r.i.e.n.d.l.y."

이는 아이에게 '네 머리를 믿지 말고 검색을 믿으라'는 메시지를 주는 것과 같다. 부모의 이런 행동은 아이의 메타인지를 죽임과 동시에 용기까지 빼앗는 최악의 선택이다. 이런 경험이 반복되면 아이는 자신의 판단과 실력을 믿지 못하고, 해결 방안을 찾으려는 노력 자체를 포기할 수도 있다.

아이의 메타인지를 키우고 싶다면 이 책에서 맨 처음 말한 '메타인지에 대한 세 가지 착각'을 버려야 한다. 빨리 알아야 한다는 착각, 쉽게 학습해야 한다는 착각, 그리고 실수를 하면 안 된다는 착각 말이다. 부모의 이런 착각들은 아이로 하여금 자기 자신을 믿지 못하게 하며, 용기가 필요한 순간 용기를 낼 수 없게 만든다.

결론적으로 '메타인지는 무엇인가?'라는 질문에 대한 내 답은 '용기를 키우는 힘'이다. 이렇게 이야기하면 누군가는 분명 "우리 아이의 성적을 높일 수 있는 방법을 알려주세요. 공부 잘하는 것과 용기가 무슨 관계가 있는 건가요?"라고 물어볼 것이다. 공부와 좋은 성적은 학생에게 매우 중요한 요소들이다. 하지만 공부와 성적보다 더 중요한 게 있다. 이 세상의 모든 아이가 성공해서 행복하게 사는 것이다. 성공을 하려면 성장을 해야 하고 성장을 하려면 두려움을 이겨내는 용기가 필요하다.

나는 아이가 공부를 잘하려면 실패를 두려워하지 않는 자신감과 용기가 있어야 한다고 굳게 믿는다. 포기하지 않는 용기, 도전하는 용기, 실수를 극복하는 용기, 창피함을 무릅쓰는 용기, 모르는 것을 인정하는 용기, 다른 사람에게 물어보는 용기 등 생각보다 엄청나게 많은 용기가 필요한 게 바로 학습이다.

공부를 잘하는 아이로 키우고 싶은가? 그렇다면 단순하게 암기하는 공부가 아니라 새로운 것을 배우고 익히는 학습을 시켜라. 세상 모든 부모가 아이들에게 암기가 아닌 학습이 필요하다는 사실을 인정하고 아이의 생각을 믿으면, 아이들은 스스로 토끼들의 세상에서 벗어날 용기를 가지게 될 것이다.

공부하는 동안 필요한 용기

인간은 새로운 것을 배우고 싶어 하는 본능을 가지고 태어난다. 아이가 세상에 태어나 '처음 공부'를 시작할 때는 이러한 본능에 따라 학습에 재미를 느낀다. 눈으로 보고 귀로 듣고 손으로 만지며 '새로운 것'에 한껏 흥미를 보인다. 문제는 반복 학습이다. 어른도 똑같은 것을 계속 공부하면 금방 흥미를 잃는데 집중력이 부족한 아이들은 오죽하겠는가. 아이에게 공부의 흥미와 재미를 선사하는 가장 쉬운 방법은 문제의 답을 바로 보여주지 않는 것이다.

하지만 대부분의 아이는 학습 내용을 빨리 이해하지 못하는 자신을 견디지 못한다. 쉽게 답을 찾지 못하는 행위를 잘못된 것이라 생각한다. 아이들은 경쟁에서 뒤지지 않기 위해 부모와 선생님에게 인정받기 위해 그리고 목적지에 빨리 도착하기 위해 답을 찾아 외우기 시작한다. 하지만 정답을 찾아보고 싶은 유혹을 느낄 때마다 혼자 힘으로 학습하면 생각하는 연습도 되고 스스로 얼마나 해낼 수 있는지를 측정할 수 있다.

편하지 않은 길을 선택하는 데는 용기가 필요하다. 단기간 집중 학습에 익숙한 아이들은 장기간의 분산 학습을 버거워할 것이다. 기억을 불러오는 과정이 아이들에게 스트레스로 다가올 수도 있다. 부모는 아이가 이런 순간을 잘 이겨내고 버텨낼 수 있도록 옆에서 도와주어야 한다. 편한 벼락치기 학습으로 향하려는 생각을 되돌릴 수 있도록 힘껏 응원해주어야 하는 것이다.

교실 속에서 필요한 용기

언젠가 만난 학부모는 아이의 학교 선생님으로부터 '아이가 별로 말이 없다'는 이야기를 듣고 충격을 받았다고 한다. 집에서는 부모가 귀찮아할 정도로 말을 잘하는 아이였기 때문이다. 아이들이 집 안과 밖에서 다른 모습을 보이는 이유 역시 '용기' 때문이다.

이제 막 학교생활을 시작한 아이들은 혼란스럽다. 부모의 지지를 받으며 자신만의 속도로 거북이 학습을 충실히 진행해온 아이일지라도 토끼들이 뛰어노는 교실에 속하면 상황은 달라진다. 큰 귀를 펄럭거리며 미친 듯 달리는 토끼 무리 속에 혼자 느릿느릿 걸음을 옮기는 거북이 한 마리가 있다고 생각해보라. 그 거북이는 얼마나 무섭겠는가? 아이들도 마찬가지다. 수업 시간에 선생님이 설명한 내용을 이해하지 못해도 아이들은 친구들과 선생님에게 자신의 부족함을 들킬까봐 손을 들고 질문을 할 수가 없다.

이는 초등학생들만의 문제는 아니다. 나는 대학 강단에서도 용기가 부족한 학생을 많이 봤다. 수업 시간에는 차마 질문을 하지 못하고 수업이 끝난 후 나의 연구실로 찾아오는 학생들이 의외로 많은 것이다. 교수를 개인적으로 찾아오는 일 역시 많은 용기를 필요로 하므로 내 연구실을 찾아온 그들에게 응원의 박수를 보낸다. 다만 그 용기를 조금 일찍 냈으면 어땠을까 하는 아쉬움이 든다. 처음부터 수업 내용을 제대로 이해하지 못한 학생은 차후 아무리 설명해줘도 그것을 제대로 이해하지 못하기 때문이다.

사회 속에서 필요한 용기

어린 시절부터 나는 학교를 매우 좋아했다. 오죽하면 졸업 후 학교 밖에서 혼자 공부하면 외로울 것이라는 생각까지 했을까. 혼자 공부하는 시간은 물론 중요하다. 하지만 여기에도 함정은 있다. 혼자만의 학습에 너무 빠져들면 공부한 내용을 자신이 완벽하게 이해했다는 착각에 빠질 수 있는 것이다. 자신과 다른 의견을 가진 친구들과 대화를 하다 보면 생각의 오류나 정보의 불일치 등을 점검할 수 있으므로 여럿이 어울려 학습하는 것을 두려워하지 말아야 한다. 앞서 말한 것처럼 관점을 달리하는 것은 가변성을 높일 수 있는 좋은 방법이기도 하다.

딸아이가 만 3세가 되었을 무렵, 아이에게 학습의 재미를 느끼게 해주고 싶어서 같은 나이 또래의 교포 학생 네 명과 독서 클럽을 시작했다. 네 아이 모두 영어가 서툰 한국인 부모 아래서 성장했으니 내가 아이들의 영어 및 독서 학습을 도와줄 수도 있고, 아이들 또한 친구들과 함께 학습하면 배움에 더 큰 흥미를 느낄 수 있을 것이라고 생각했다. 이 클럽의 장점은 아이들이 스스로 발표를 하고 점수가 부여되지 않는 시험을 보면서 함께 학습했다는 데 있다.

격주로 진행되는 독서 클럽에서 아이들은 2주 동안 두 권의 책을 읽었다. 책을 읽은 아이들은 자신의 생각을 글로 정리했는데, 책을 단순하게 요약하는 건 쉬울 수 있지만(사실 쉬운 일도 아니다) 거기에 자신의 의견을 덧붙이는 것은 그리 만만한 일이 아니다. 무엇보다 아이들이 사람들 앞에서 자신이 읽은 내용 중 동의하지 않는 부분을 이야기하고 그 이유를 설명하는 데는 많은 용기가 필요하다.

　몇 년 동안 독서클럽을 하면서 느낀 점은 아이들마다 방식의 차이는 있지만 모두 거북이와 같은 학습을 한다는 것이다. 진도가 빨리 나가는 부분과 더딘 부분은 개인별로 다른데, 더딘 부분에 이르면 아이들은 더욱 느린 거북이가 된다. 이때 부모의 역할이 중요한데 친구와의 속도를 비교하기보나는 아이가 자신의 목표 수립에 집중할 수 있도록 유도해야 한다.

7

다른 사람은 내 아이의
진정한 실력을 알지 못한다

메타인지는 '자신만의 거울'이다. 메타인지라는 단어가 연구에 처음 등장했을 때 연구자들은 메타인지를 인간의 '특권적 접근privileged access'이라고 이야기했다. 나는 이것이 메타인지를 정의하는 여러 단어 중 가장 정확한 표현이라고 생각한다. 스스로의 생각과 속마음에 접근할 수 있는 건 오직 자기 자신뿐이고, 그 외에는 어느 누구도 그것을 들여다볼 수 없다. 아이들이 자기 생각이 틀릴까봐 제대로 이야기하지 못하는 것은 태어날 때부터 가지고 있던 특권이 약해진 결과다.

사람에겐 누구나 자신의 생각을 간섭 없이 성찰하고 결정할 수 있는 특권이 있다. 이 특권은 아이들에게도 존재한다. 하지만 부모는 아이의 특권을 부모 마음대로 다룰 수 있는 것이라고 착각한다. 착각에 빠진 부모들은 "미국과 한국은 달라요. 한국에서는 아이가 알아서 하도록 내버려두면 안 돼요" "학교 공부만큼이나 학원 공부도 중요해요" "경쟁은 공부를 열심히 하게 만드는 동기부여죠"라고 이야기한다.

이쯤에서 재미있는 이야기를 하나 할까 한다. 아이를 낳기 전 나는 이론적으로 완벽한 엄마였다. 너무나 잘 정리된 정보와 지식들로 무장했기 때문에 내가 아이를 잘 키울 것이라는 확신도 있었다. 하지만 결혼 전 내가 알고 있던 지식은 단순한 정보와 자료일 뿐 메타인지는 아니었다. 결혼 후 아이를 낳고 기르면서 '내가 아기에 대해 무엇을 얼마나 모르고 있었는지'를 생각하고 난 후 오히려 나는 본격적으로 메타인지를 사용할 수 있게 됐다.

지금의 나는 교수직에 있지만 아직도 배울 게 태산이고 엄마가 된 후 오히려 '아이를 어떻게 길러야 할지 모를 때'가 많다. 엄마로서 또 학자로서 길을 잃는 순간마다 이유 모를 불안감이 엄습하지만 내가 완벽하지 못한 엄마라는 사실과 아이들에 대해 모르는 부분이 많은 부모라는 사실을 이미 인정했기에 엄마로서, 학자로서 자신감을 잃지 않을 수 있을 것이라고 믿을 뿐이다.

그래서일까? 요즘 나는 학습자, 심리학자 그리고 엄마라는 단어가 별개가 아닌 같은 단어로 느껴진다. 아이들을 잘 키우고 싶다는 부모로서의 목표를 이루기 위해 끊임없이 책을 참고하고 관련된 연구를 진행하며 학자로서 학습을 한다. 그렇다고 연구 결과들을 내 아이들에게 무조건 적용하지는 않는다. 내가 메타인지를 공부하고 나의 메타인지를 잘 활용할 줄 안다고 해서 우리 아이들의 메타인지를 극대화시킬 수 없음을 잘 알고 있기 때문이다.

다소 복잡하게 이야기했는데 결론적으로 하고 싶은 말은 이것이다.

"아이가 부모의 방식을 무조건 따르는 게 최선의 방법은 아니다. 또 내가 다른 부모의 방식을 따라가는 것도 정답은 아니다. 오히려 생각 없이 누군가의 방식을 따르는 것은 자신의 메타인지를 버리는 것과 같다."

특권 없는 상황

대부분의 학부모는 아이가 진정한 학습에 돌입하기도 전에 다른 아이와 비교하며 경주를 시작한다. 이렇게 물어보자. 다른 아이의 학교 성적이나 시험 점수에 관심을 가질 때 그 아이의 메타인지를 궁금해한 적이 있는가? 아마 거의 없을 것이다. 부모가 아이들의 경주에 뛰어들고 싶을 때마다 경쟁자라 여겨지는 다른 아이의 성적이나 학습에 호기심이 생길 때마다 부모는 다른 아이의 생각에 접근할 그 어떤 권위나 권리도 없음을 기억해야만 한다.

"○○이는 우리 아이보다 공부를 못한다더라" "그 반에 100점 맞은 아이가 몇 명이야? 누가 100점을 맞았어?" 같이 성적만 가지고 다른 아이들을 토끼 또는 거북이라고 고정관념화하지 않도록 주의해야 한다. 다시 한 번 말하지만 우리는 다른 아이의 성공과 실패에 대해 판단할 권리가 없다.

같은 맥락에서 다른 사람들도 내 아이의 진정한 실력을 알지 못한다. '주변 사람들은 내 아이를 어떻게 생각할까?' 지나치게 신경 쓰지 밀라는 이야기다. 일례로 시험을 망친 아이를 혼낼 때를 떠올려보자. 당신이 화를 내는 이유는 아이의 학습 결과가 좋지 않기 때문인가? 아니면 평소 경쟁자로 생각하던 아무개 엄마의 얼굴이 떠올라서인가?

학습의 성취도는 시험 결과에 달린 게 아니다. 만약 아이가 시험을 망쳤다면 부모 역시 용기를 내야 한다. 다른 아이의 점수를 내 아이의 학습 성취도에 대한 평가 기준으로 삼지 않고, 내 아이가 스스로 선택한 학습 방법의 결과를 믿겠다고 결정하는 용기 말이다.

마지막으로 '낮은 성적은 아이가 열심히 공부하지 않았다는 반증이므로 혼을 내는 게 맞다'고 생각하는 부모들에게 묻고 싶다. "아이가 공부를 열심히 했는지 안 했는지를 부모가 어떻게 알죠?"라고 말이다.

8

결국은 내 아이가 답이다, 특권의 한계

'세상에서 자기 아이를 가장 잘 아는 사람은 부모'라고 생각하는 사람이 많다. 이런 이들은 학원 선택이나 교우 관계, 취미 생활 등 아이의 모든 것을 아이 대신 자신이 선택하고 결정하려 든다. 이런 부모에게 '당신의 선택에 항상 자신이 있는가?'라고 물으면 꼭 그렇지만도 않다고 대답한다. 아이가 가고자 하는 길을 부모 자신이 막는 것은 아닌가 하는 두려움이 들기 때문이다.

부모는 자신이 가진 특권에 분명한 한계*limited privilege*가 있음을 인정해야 한다. 나도 제한된 특권을 종종 망각해서 아이의 짜증을 불러일으킬 때가 있다. 한번은 책가방을 챙기는 딸아이를 보며 "물통하고 필통도 잊지 말고 챙겨야 해"라고 이야기했는데 그 순간 아이가 짜증을 내며 "엄마, 안 그래도 챙기려고 했어" 하고 말했다. 아이의 생각보다 부모의 말이 앞서는 게 위험한 이유는 아이가 그것을 싫어하기 때문이다. 아이는 자기에게 완전한 특권적 접근이 있다고 생각하는데 부모가 나서서 자신의 영역을 침범한다고 받아들인다.

솔직히 자잘한 학용품 챙기는 것 좀 잊어버리면 어떤가. 학교에서 친구들에게 빌려 쓰면 그만이다. 모든 것을 엄마가 챙겨주는 아이는 계속 엄마에게 의존하지만 오히려 이런 경험을 한 번 겪은 아이는 스스로 학용품을 챙기기 시작할 수도 있다.

아들과도 비슷한 경험이 있다. 하루는 유치원이 끝나고 집에 돌아가는 차 안에서 아들이 말했다.

"엄마, 내가 오늘 필통을 가방에 안 넣었나봐."

"진짜? 네가 챙겼어야지. 이제부터는 네가 챙겨."

"응, 지금부터는 내가 할게. 근데 지금까지 엄마가 챙겨줘서 내가 못 챙긴 거야. 그러니까 엄마가 잘못한 거야."

아들은 여기서 한 발 더 나아가 메타인지와 관련된 중요한 키포인트를 스스로 찾아냈다.

"엄마, 앞으로 내가 필통을 챙겨야 하는데 내 생각에는 그 사실을 까먹을 것 같아. 어떻게 해야 안 잊어버릴 수 있을까? 최선을 다해보겠지만 내가 잊어버릴 수도 있으니 엄마가 나에게 한 번 더 얘기해줘."

아들의 이야기 속에서 나는 아이 스스로 느끼고 있는 특권의 깊은 면을 엿볼 수 있었다. 자기가 처음 해보는 학습에서 실수할 수 있음을 인정하고, 스스로 학습에 대한 컨트롤 계획을 세우는 아이의 모습도 대견하게 느껴졌다.

이처럼 유치원생도 자기 생각에 대한 특권을 사용할 줄 안다. 아이와 비교하면 부모가 가진 특권은 상대적으로 매우 제한적이다. 그렇다면 아이의 특권이 아닌 부모의 특권을 제대로 사용하는 게 옳다.

나는 사람들에게 종종 '아이들을 그렇게 방치하는데 어떻게 메타인지를 키울 수 있느냐'라는 질문을 받는다. 학원을 강요하지도 않고 좋은 성적을 요구하지도 않으며 모든 것이 불완전한 아이의 생각과 욕구에 집중하는 나의 모습이 아이들을 방치하는 것처럼 보이는 모양이다. 하지만 사실은 정반대다. 여느 부모처럼 24시간 아이 케어에 매달리진 않지만 나는 아이 뒤를 쫓아다니며 온종일 뒤치다꺼리하는 것만큼이나 어려운 일을 하고 있다. 엄마가 새로운 무언가를 하는 모습을 끊임없이 아이들에게 행동으로 보여주며 부모에게 주어진 특권을 사용하기 위해 노력하기 때문이다.

예를 들어 아이들이 거실에 앉아 학습을 하거나 장난감을 가지고 놀 때 나는 그 옆에 앉아 원고를 쓴다. 모니터 앞에 앉아 끙끙거리는 나를 보며 아들은 말한다. "엄마, 이거 보통 일이 아니지?" 옆에서 말없이 모니터를 주시하던 딸은 "엄마, 맞춤법이 틀렸어. 여기 띄어쓰기도 틀렸고"라며 엄마의 실수를 짚어준다. 이 과정에서 아이들은 뭐든지 능숙하게 잘하는 것처럼 보이는 어른도 실수할 수 있다는 사실을 배우고, 엄마도 끊임없는 학습을 통해 성장하고 있음을 느낀다.

또 다른 예로 나는 외부 강연을 하고 온 날이면 딸과 마주앉아 그와 관련된 대화를 나눈다.

"오늘 수업이 너무 힘들었어. 토론을 해야 하는데 학생들이 아무도 이야기를 하지 않았거든. 다음에는 어떤 질문을 해야 학생들이 적극적으로 토론에 참여할 수 있을지 엄마는 고민 중이야."

이런 엄마의 모습을 보면 아이는 목표를 달성하기 위한 과정은 어렵고 힘든 게 당연하다고 생각하고, 어른이 되어도 많은 고민이 필요함을 느끼게 된다. 내가 이런 이야기를 하면 '교수라는 직업을 가진 워킹맘이라서 가능한 일'이라고 생각하는 사람도 있으리라 생각한다. 하지만 이는 사실이 아니다. 전업주부라도 아이에게 보여줄 수 있는 모습은 많다. 어학 공부, 요리, 꽃꽂이, 운동, 독서 등 종류에 상관없이 학습하는 모습만 아이에게 보여주면 된다.

실제로 내 주변에는 뭔가를 하고 싶어 하는 전업주부가 많다. 나는 그들과 대화를 나누며 계속 무언가를 해보라고 권한다. 빵을 좋아하는 친구에게는 제빵을 권하고 활동적인 친구에게는 운동을 권유한다. 하지만 그들은 끝내 시간적·경제적 여유가 없다는 이유로 아무것도 시작하지 않는다. 그들에게 정말 없는 것은 시간과 금전이 아니라 시작하려는 용기가 아닐까 싶다.

"제빵을 배우고 싶은데 경제적으로 힘들어요" "운동을 시작하고 싶은데 시간이 없네요"라는 말과 "공부를 잘하고 싶은데 저는 공부머리가 없는 것 같아요"라는 말이 뭐가 다른가? 만약 부모가 계속 '이건 이래서 안 되고 저건 저래서 못하고' 하며 핑계 대는 모습을 보이면 아이는 이 모습을 그대로 배울 수밖에 없다. '시끄러워서 집중이 안 되고' '시간이 없어서 학원 숙제를 못 하는' 아이가 되는 것이다. 아이의 메타인지를 키울 수 있는 가장 좋은 방법은 부모 자신이 메타인지를 사용하는 모습을 보여주는 것이다. 그것이 바로 부모의 특권이다.

숙련된 특권

메타인지 연구자들이 계속 반복해서 강조하는 표현이 한 가지 있는데, '바람직한 어려움desirable difficulties'이 그것이다. 몇 번 이야기했지만 학습의 과정은 결코 쉽지 않으며, 돌아가더라도 어려운 길을 선택하는 게 가장 좋다.

공부뿐 아니라 인생에 대한 학습도 마찬가지다. 우리는 그 누구도 부모가 되는 법을 배우지 않았다. 부모라는 이름을 달고 겪는 모든 시행착오는 당연한 과정이자 바람직한 어려움이다. 아이들은 부모는 신이 아니며, 모든 문제의 정답을 아는 사람이 아니라는 사실을 알아야 한다. 오히려 이런 부족한 부모 모습이 아이의 메타인지 향상에는 도움이 된다.

예를 들어 학창 시절부터 나는 '글쓰기'를 매우 어려워했다. 우리 아이들도 엄마가 작문을 잘하지 못하고 글을 쓸 때마다 어려움을 느낀다는 사실을 잘 알고 있다. 미국에서는 어릴 때부터 에세이를 많이 쓰는데 미국인들은 글에서도 타인의 시선을 의식하지 않고 자신이 처한 상황이나 감정을 가감 없이 드러낸다. 하지만 나는 미국 사람들처럼 자신을 완전히 내보이는 게 쉽지 않았다. '내 글을 읽는 사람들은 나를 어떻게 생각할까?' '사람들이 내 의견에 동의하지 않으면 어쩌지?'라는 두려움이 자신감을 갉아먹었다.

이제 막 학교생활을 시작한 우리 아이들도 나와 같은 어려움을 겪을 확률이 높다. 나는 우리 아이들이 메타인지를 키우는 데 아주 효과적인 글쓰기에 대한 두려움을 느끼지 않았으면 좋겠다. 아이들에게 부모이자 롤모델로 글쓰기의 즐거움을 어떻게 보여줄 것인가 많은 고민을 했다. 그 결과 "너희 생각과 느낌을 솔직하게 적으면 좋은 글이 나올 것"이라고 100번 조언하는 것보다는 엄마인 내가 그런 모습을 직접 보여주는 게 좋겠다는 결론을 내렸다. 그래서 찾은 게 카카오스토리라는 플랫폼이다.

나는 카카오스토리에 서툰 한글로 글을 쓰기 시작했고 딸아이에게 그 내용을 읽도록 유도했다. 어설프지만 한글로 글을 쓰기 위해 노력하는 엄마의 모습, 생각에 집중하는 엄마의 모습을 보면 딸아이도 자신의 생각에 집중하는 게 중요하다는 사실을 알게 될 것이다. 나는 아이들을 위해 좋은 일, 자랑스러운 일뿐 아니라 창피한 일, 슬픈 일, 부끄러운 일도 숨김없이 기록했다.

퇴근 후 집에 돌아오면 나도 쉬고 싶은 생각이 간절했지만 아이들을 잘 키우고 싶다는 부모로서의 목표를 생각하면 충분히 할 수 있는 일이었다. 아이에게 있어 가장 좋은 롤모델은 부모다. 좋은 성적, 명문대 입학에 한정된 목표와 토끼들의 경주만 바라보는 시각에서 벗어나자. 부모가 조금만 시선을 바꾸면 아이의 메타인지를 키울 수 있는 방법은 얼마든지 찾을 수 있다.

　　여기서 중요한 것은 말이 아닌 '부모의 행동'이다. 부모의 말은 아이들에게 '완벽한 말'로 들릴 확률이 높다. '밖에 나갔다 오면 손발을 닦아라' '저녁 먹은 후에는 숙제부터 하라' 등 평소 부모가 하는 말을 보면 틀린 부분이 없지 않은가? 하지만 행동은 다르다. 예를 들어 운전을 할 때 길을 잘못 찾거나 차에 기름을 떨어뜨리는 등 부모도 실수를 연발한다. 완벽한 말만 하는 부모, 무엇이든 익숙하게 해내는 어른도 실수와 수정을 반복하며 균형을 찾기 위해 노력하는 모습을 보이는 것만큼 아이들에게 좋은 교육은 없다.

세상의 모든
거북이들에게

최근 메타인지에 대한 사람들의 관심도가 높아져서 그런지 '메타인지에 대한 책을 써보라'는 권유를 많이 받았다. 책을 쓰고 싶단 욕심은 있었지만 내가 잘할 수 있을지 걱정스러웠다. 원래 글쓰기에 자신이 없는 사람이고 내가 쓴 책을 아무도 읽지 않을까봐 불안했다. 결국은 자신감의 문제였다.

책을 어떻게 쓸 것인지 오랜 시간 고민했다. 그 결과 내가 보여주고 싶은 것은 '거북이 같은 나의 거울, 즉 진실된 나의 모습'이라는 사실을 깨달았다. 그것만 제대로 보여줘도 이 책이 가지는 의미는 충분할 것이라는 결론을 내렸다. 그런데 서툰 한글 실력이 또 다시 나를 주저하게 만들었다. 사람들에게 내 의도를 오해 없이 전달할 자신이 없었다. 이런저런 고민으로 시간만 보내던 어느 날 저녁, 딸과 대화를 나눴다. "엄마가 좋은 책을 쓸 수 있을까? 엄마가 하고 싶은 말을 한국어로 잘 표현할 수 있을까?" 가만히 내 말을 듣던 아이가 대답했다. "엄마, 엄마가 쓴 책이면 나도 읽고 싶어. 물론 사람들도 좋아할 거야."

딸아이는 그렇게 엄마의 착각과 쓸데없는 걱정을 한 번에 정리해줬다. 자신감이 부족한 엄마에게 큰 용기를 선물해준 셈이다.

아이와 대화를 끝내자마자 나는 미뤄왔던 원고 집필을 시작했다. 아이는 내가 부담스럽지 않게 눈치껏 모니터를 지켜보며 "엄마, '할 수 있다' 같은 말을 쓸 때는 띄어쓰기를 해야 해"라고 조언해주었다.

"그래. 세린아, 고마워. 엄마 잘하고 있지?"

이 글을 쓰며 나는 나 자신과 나의 아이들 그리고 세상의 모든 거북이들을 생각한다. 그들의 사랑스러움과 버티는 힘을 응원한다. 나는 세상 사람 모두가 실수와 실패, 이를 극복하는 용기를 통해 메타인지를 성장시킬 수 있을 거라 믿어 의심치 않는다.

（
감
사
의
말
）

많은 분들의 도움이 없었다면 이 책을 쓰지 않았을 것입니다. 아니, 쓰지 못했을 것입니다.

특히 제게 모든 것을 아낌없이 주시며 영원한 메타인지 역할 모델이 되어주신 어머니와 아버지께 감사드립니다. 오빠 데이빗은 배우는 것이 무엇을 의미하는지 보여주었고, 여동생 리라는 제가 선생이 될 수 있도록 도움을 주었습니다.

제 심리학 인생은 펜실베이니아 대학에서 시작되었습니다. 그곳 실험실에서 저는 일과 사랑에 빠졌고 하비 그릴 박사님, 로버트 레스콜라 박사님, 조엘 캐플란 박사님과 함께 연수 과정을 거쳤습니다. 처음부터 끝까지 실험을 수행하는 방법을 가르쳐준 세 교수님께 감사드립니다.

처음으로 홀로 한국을 여행하며 한국 문화를 경험할 수 있는 기회를 갖게 된 것은 박찬웅 교수님과 김용식 교수님 덕분입니다. 두 분께서는 한국계 미국인인 제게 기회를 주셨고, 서울대학교 약리학과 실험실로 저를 불러주셨습니다. 두 분 교수님의 도움은 절대 잊지 않고 늘 감사하게 생각할 것입니다.

여름 학기에 서울대학교 심리학과 연구실에 들어갈 수 있게 해주신 김정오 교수님께도 감사드립니다. 덕분에 한국어와 영어, 한국 문화와 미국 문화 사이에 있는 저 자신에 대한 믿음이 단단해지는 여름을 보냈습니다. 그리고 제 진로를 분명히 결정한 그 여름 이후 저는 앞만 보고 달릴 수 있었습니다.

대학원에 들어오기 전, 제 인생에 변화를 가져다준 『메타인지 : 아는 것에 대해 아는 것』이라는 책을 읽을 기회가 있었습니다. 그때만 해도 제 인생에서 가장 큰 마음의 안식처를 얻게 될 것이라고는 상상조차 하지 못했습니다. 이 책의 저자 중 한 분인 컬럼비아대학교의 재닛 멧 칼프 박사님으로부터 배움을 얻은 결과 저는 마음의 안식처를 찾게 되었습니다. 이후 몇 년 동안 멧 칼프 박사님은 조사하는 법, 글 쓰는 법, 프레젠테이션 하는 법, 무엇보다 자기 자신을 믿는 법을 제게 가르쳐주셨습니다. 멧 칼프 박사님은 저의 고문이자 동료이며 친구입니다.

영원히 감사드립니다.

컬럼비아대학교의 멘토 두 분에게도 감사드립니다. 두 분께서 계시지 않았다면 무사히 졸업하지 못했을 것입니다. 저를 대학원 프로그램의 일원으로 받아들여주신 허브 테라스 박사님은 브레인스토밍의 즐거움을 가르쳐주셨고 언어에 대해 좀 더 광범위하게 생각하는 일에 영감을 주셨으며 원숭이의 메타인지 신화에 대한 제 연구를 부조건적으로 지지해주셨습니다. 더불어 언제나 저를 평등하게 대해주신 로버트 크라우스 박사님은 자신감이 떨어질 때마다 제가 내면의 목소리를 찾을 수 있도록 격려해주셨습니다.

예전부터 알고 지내온 친구들, 대학원을 다니면서 새로 알게 된 친구들, 또 대학원을 졸업한 후에 만난 친구들 외에도 고맙다는 말을 전하고 싶은 친구들이 너무나 많습니다. 그중에서도 저에 대해, 그리고 한국계 미국인으로서 제가 겪은 경험에 대해 호기심을 갖고 알고 싶어 한 친구들에게 특히 고맙다는 말을 전하고 싶습니다. 셰릴 브라운 박사님, 글렌 이낸가, 소피아 최, 조민경, 일레인 김, 김혜란, 에릭 앤더슨, 자샤 피에트르작 박사님, 에제키 엘모셀라 박사님, 브리짓 핀 박사님, 네이트 코넬 박사님, 데이브 미엘레 박사님, 한소원 교수님, 옌스 그로서 박사님, 이후선, 김은복, 이영이, 김선영, 한송희, 이묘선 할머님, 그리고 한국과 미국 북클럽의 모든 친구들과 알게 된 것도 남다른 행운입니다.

제 꿈이 어느 위치에 있는지 알려준 바너드칼리지 심리학과에 감사한 마음입니다. 바너드칼리지는 저 자신과 단점에 대해 가장 많이 배운 곳입니다. 피터 발삼 박사님, 래리 호이어 박사님, 로버트 라메즈 박사님, 애니 셍하스 박사님, 라에 실버 박사님, 수 삭스 박사님께 특히 감사를 표합니다. 모두 제가 연구원이자 강사로 성장할 수 있도록 도와주셨습니다. 멘토이자 동료이며 친구인 라지브 세티 박사님, 그리고 제게 끊임없이 용기를 주는 분들께 고맙다는 말을 하고 싶습니다.

심재옥 단장님, 풀브라이트 장학생 프로그램, 한국 글로벌 리서치 네트워크의 지원을 받은 공동 연구원들, 김경일 교수님, 김태훈 교수님, 이윤형 교수님의 도움이 없었다면 지난 몇 년간 한국에 있지 못했을 것입니다. 아울러 저의 한국 여행을 주선해주신 김민식 교수님과 연세대학교 심리학과 허태균 교수님, 고려대학교 심리학과에도 감사드립니다.

프로듀서이자 작가인 박성래 기자님 덕분에 한국 방송에서 처음으로 제가 연구하고 있는 메타인지에 대해 이야기할 수 있는 기회를 가졌습니다. 박 기자님은 물론 제게 끊임없이 영감을 주는 KBS 방송국의 친구들, 신윤주 아나운서님과 김민아 작가님께도 감사드립니다.

한국에서 학생들을 가르친 경험은 이 책을 쓰는 초석이 되었습니다. 연세대학교, 고려대학교, 아주대학교, 서울대학교 등 두 팔 벌려 저를 환영해준 학교들과 저를 동료로 받아주신 교수님들께 정말 감사드립니다. 그리고 저를 선생님으로 만들어준 많은 고등학생, 그리고 학부생과 대학원생에게도 감사의 말씀을 전합니다.

수많은 사람들 그중에서도 제 아이들을 가르쳐주셨고, 지금도 여전히 저의 아이들을 가르쳐주시고 돌봐주시는 분들께도 참 많은 것을 배웠습니다. 다음의 교육기관에서 인연을 맺은 선생님과 학부모 분들께도 감사드립니다. 성모성심 인비올라 수녀님, 도나토 수녀님, 연화어린이집, 꿈동산어린이집 서수민 원장님, 홍대부속초등학교, 상암에듀센터 정영란 원장님, 염리초등학교 이인순 교장선생님. 그 외 대한논리속독학원, 필즈수학학원, CMS수학학원, 일미술학원, 아름소리음악학원, 와우수영장, 연세대박사명성체육관 등 한국의 많은 학원에게도 감사드립니다. 저와 아이들은 정말 운이 좋았습니다.

이 책은 북21 출판사, 특히 최종 원고를 솜씨 있게 다듬어주신 김수연 담당 편집자님의 격려가 없었다면 출판될 수 없었을 것입니다. 그리고 저의 부족한 한국어 문장들을 끊임없이 읽고 편집해주신 조하정 선생님, 이현정 선생님, 강근홍 선생님의 도움이 없었다면 초기 원고는 작성하지도 못했을 것입니다. 이분들께 어떻게 감사를 드려야 할지 모르겠습니다. 저의 초기 원고를 읽고 더 나은 책으로 만드는 데 도움을 주신 장윤희 교수님, 이승주 선생님, 배진희 박사님, 장대익 교수님, 지은희 박사님, 송해선 선생님, 서경희 교수님께도 진심으로 감사드립니다. 공부가 그 어느 때보다 중요한 고등학생 입장에서 귀중한 코멘트를 준 태영석 학생과 장연수 학생에게도 고맙다는 말을 꼭 전하고 싶습니다. 미국과 한국의 친구들, 그리고 두 나라에서 힘이 되어준 사람들에게도 고마운 마음입니다. 한 사람 한 사람의 이름을 나열하면 끝이 없을 정도입니다.

끝으로 가족에게 고맙습니다. 모든 사람이 볼 수 있는 이야기를 하나로 엮는 데는 엄청난 용기와 확신이 필요합니다. 제가 누구인지 결코 의심한 적 없고 진심으로 대하면 모든 것이 괜찮아진다고 확신하는 법을 알려준 남편에게도 고마운 마음입니다. 시어머님과 시아버님께도 감사드립니다. 두 분의 지혜 덕분에 남편은 저의 완벽한 지원군이 되었습니다.

나에게 엄마가 될 기회를 준 최고의 귀한 선물인 우리 세린이와 기욱이, 고맙다. 너희가 엄마를 믿어주듯이 나도 너희를 믿는다. 그리고 너희가 언제나 너희 자신을 믿길 바란다.

I would not, and could not, have written this book without the support of many people.

I am especially grateful to Mom and Dad, my first and forever role models of metacognition, who have given me all that they have. My older brother, David, showed me what it means to learn for the sake of learning. My younger sister, Lira, was the first to help me become a teacher. I thank my family with all of my heart.

My life in Psychology began at the University of Pennsylvania, where

I fell in love with being in the lab, training with Dr. Harvey Grill, Dr. Robert Rescorla, and Dr. Joel Kaplan. I am grateful to these professors, who taught me how to carry out an experiment from beginning to end.

The first opportunity I had to travel to Korea on my own and experience its culture was made possible by Dr. Chan Woong Park and Dr. Yong Sik Kim. They took a chance on a young Korean-American and welcomed me into their lab at Seoul National University's Department of Pharmacology. I will always be indebted to them.

I am also grateful to Dr. Jung Oh Kim, who allowed me to join his lab at Seoul National University's Department of Psychology for a summer. This was the summer I was able to build trust in my bilingualism and biculturalism. It was the summer I knew I had selected my career path, and, thereafter, never looked back.

Prior to graduate school, I had the opportunity to read a book that changed me. It was entitled, "Metacognition: Knowing About Knowing." At the time, I could not imagine that I would get the biggest break of my life: To learn from one of its authors, Dr. Janet Metcalfe at Columbia University. Over the next many years, she taught me how to investigate, how to write, how to present, and most of all, to believe in myself. She is my advisor, my colleague, my friend, and I am forever grateful.

I also thank two mentors at Columbia without whom my graduate experience would not have been complete. Dr. Herb Terrace, who accepted me into the graduate program, taught me the joy of brainstorming, inspired me to think more broadly about language, and unconditionally supported my work on the evolution of metacognition in monkeys. And Dr. Robert Krauss, who always treated me as an equal, took time to listen to my views, and encouraged me to find my voice when my confidence was flagging.

There are so many friends to thank, friends I met before, during, and after graduate school. I am especially grateful for those who wanted to know about me, and about the Korean-American experience. I am especially lucky to have crossed paths with Dr. Cheryl Browne, Glen Inanga, Sophia Choi, Mindy Cho, Elaine Kim, Hyeran Kim, Eric Anderson, Dr. Jasia Pietrzak, Dr. Ezequiel Morsella, Dr. Bridgid Finn, Dr. Nate Kornell, Dr. Dave Miele, Dr. Sowon Hahn, Dr. Jens Grosser, Hoo Sun Lee, Eun Bok Kim, Young Yi Lee, Sun Young Kim, Song Hee Han, Myo Sun Lee, and all of our Book Club friends in Korea and America.

I am indebted to the Barnard College Psychology Department, who gave me a dream position. Barnard is where I learned the most about myself, and the most about my shortcomings. I especially thank Dr. Peter Balsam, Dr. Larry Heuer, Dr. Robert Remez, Dr. Annie Senghas, Dr. Rae Silver, and Dr. Sue Sacks, each of whom has played a role in helping me develop as a researcher and teacher. I also thank Dr. Rajiv Sethi, a mentor, colleague, and friend, and someone who continues to give me courage.

Over the past few years, I would not have been able to come to Korea without the support of Director Jai Ok Shim and the Fulbright Scholar Program, and my collaborators funded by Korea's Global Research Network, Dr. KyungIlKim, Dr. Tae Hoon Kim, and Dr. Yoonhyoung Lee. I am also indebted to Dr. Min Shik Kim and the Yonsei Psychology Psychology Department, and Dr. Taekyun Hur and the Korea University Psychology Department, for hosting my travels. I am grateful.

Dr. Sungrae Park gave me my first opportunity to talk about my metacognition research in Korea on air. I amforever grateful to him and to the KBS friends who continue to inspire me, Yoonjoo Shin and Mina Kang.

Being able to teach in Korea has provided the foundation for writing this book, and I am grateful to the institutions that have welcomed me with open arms: Yonsei University, Korea University, Ajou University, and Seoul National University. I thank the faculty at these institutions for accepting me as a colleague. And I am just as grateful to the many high school, undergraduate, and graduate students who have allowed me to be their teacher.

I have learned so much from many others, especially those who have taught and continue to teach and care for my children. I thank the teachers and parents from thefollowing schools: Immaculate Heart of Mary in NJ 성모성심, 인비올라 수녀님, 도나토 수녀님, 연화어린이집, 꿈동산어린이집 서수민 원장님, 홍대부속초등학교, 상암에듀센터 정영란 원장님, 염리초등학교 이인순 교장선생님, Deerfield Elementary School(Principal Kelly Salazar), and the many institutions in Korea, including 대한논리속독학원, 필즈수학학원, CMS수학학원, 일미술학원, 아름소리음악학원, 와우수영장, 연세대박사명성체육관. My children, and I, have been incredibly fortunate.

This book could not have been published without the encouragement of Book21 Publishers, especially Editor Suyeon Kim, who masterfully crafted the text into the final version. And earlier drafts could not have been written without the help of Hajung Cho, Hyeonjeong Lee, and Keum hong Kang, who tirelessly read and edited every imperfect Korean sentence I wrote. I cannot thank them enough. I am also grateful to Dr. Yoonhee Jang, Seungjoo Lee, Dr. Jinhee Bae, Dr. Dayk Jang, Dr. Eunhee Ji, Jenna Song, and Dr. Kyung Hee Suh, who read earlier versions and made the book much better than it would otherwise have been. I thank high school students Sean Tae and Yeon Su Jang for providing invaluable comments from the perspective of those for whom learning is most at stake. And I thank so many more friends and supporters in America and Korea who, if listed, would make this go on endlessly.

Finally, I thank my family. It takes courage and confidence to put together a story for all to see. I am grateful to my husband for never doubting who I am and for somehow knowing just how to assure me that sincerity makes all things okay. And I thank my mother- and father-in-law, whose wisdom has shaped him to be that perfect support for me.

Seryn and Guy–You have given me my most cherished gift, the chance to be a mother. Just as you believe in me, I believe in you. And I hope that you will always believe in yourselves.

용어사전

가면증후군 imposter syndrome
자신의 성취는 스스로의 능력과 노력으로 이루어진 것이 아니라고 의심하며
그 성취가 '사기'로 드러날 것을 두려워하는 심리 상태

가변성 variability
다양한 맥락이나 단서로 구성된 학습 환경

과신 overconfidence
자신의 판단이나 지식에 대해 실제보다 과장되게 평가하는 것

고정관념의 위협 stereotype threat
자신이 속한 인종, 민족, 성별 또는 문화집단에 관한
부정적 고정관념을 상기했을 때 그와 관련된 수행 능력에 미치는 위협

내적 동기 intrinsic motivation
흥미, 성취감 등 자기 내면의 보상에 영향을 받는 능동적 동기

단기적 학습 short-term learning
비교적 짧은 시간 동안 정보를 획득하고 저장하는 과정

메타인지 metacognition
학습하는 동안 자신의 성취도를 점검하고 목표 달성에 필요한 과정을 조정하는 인지
'내가 무엇을 알고 있는가'를 아는 것

벼락치기 cramming
시험이 임박하여 짧은 시간에 많은 양의 정보를 암기하려는 공부 방식

분산 학습 spacing
장기간에 걸쳐 조금씩 자주 지식을 습득하는 공부 방식

불변론자 entity theorist
지능이 고정적이고 안정적인 특성을 지녔다고 생각하는 사람

사후과잉확신편향 hindsight bias
어떤 지식을 습득한 후 자신의 이전 지식이나 다른 사람들의 부족한 지식을
과대평가하는 경향

인지 cognition
감각, 경험 및 생각을 바탕으로 지식과 정보를 습득하고 이해하는 절차
쌓은 지식을 바탕으로 우리가 무언가를 아는 것

외적 동기 external motivation
돈, 성적, 칭찬 등 외부의 보상에 영향을 받는 수동적 동기

자신감 평가 confidence judgment
자신의 지식을 얼마나 확신하는지 평가하는 메타인지 판단의 유형 중 하나

장기적 학습 long-term learning
비교적 긴 시간 동안 정보를 획득하고 저장하는 과정

증진론자 incremen taltheorist
지능이 다른 것에 영향을 받기 쉽고, 노력을 통해 높아질 수 있다고 생각하는 사람

전이-적합 처리 transfer appropriate processing
학습이 일어날 때의 맥락에 의존하여 학습 내용을 기억하는 것

특권적 접근 privileged access
개개인은 다른 이들과 다른 각자의 고유한 방식으로 자신의 생각에 접근할 수 있다는 개념

· Adolph K. E.,& Avolio A. M. (2000). Walking infants adapt locomotion to changing body dimensions. Journal of Experimental Psychology: Human Perception and Performance, 26, 1148–1166.

· Asch, S. A. (1956). Studies of independence and conformity: I. A minority of one against a unanimous majority. Psychological Monographs: General and Applied, 70, 1-70.

· Ashcraft, M. H. (2002). Math anxiety: Personal, educational, and cognitive consequences. Current Directions in Psychological Science, 11, 181-185.

· Atkinson, R. C. (1972). Optimizing the learning of a second-language vocabulary. Journal of Experimental Psychology, 96, 124–129.

· Atkinson, R. C., & Shiffrin, R. M. (1968). Human memory: A proposed system and its control processes. In K. W. Spence and J. T. Spence (eds.), The psychology of learning and motivation: Advances in research and theory (vol. 2, pp. 89-195). New York: Academic Press.

· Augustine, of Hippo, Saint. (354-430). The confessions of Saint Augustine. Translated by Edward Pusey, The Harvard Classics, 1909-14.

· Bargh, J. A., & Schul, Y. (1980). On the cognitive benefits of teaching. Journal of Educational Psychology, 72, 593 – 604.

· Beaty, R. E., Benedek, M., Kaufman, S. B., & Silvia, P. J. (2015). Default and executive network coupling supports creative idea production. Scientific Reports, 5, 1-14.

· Beilock, S. L. & Carr, T. H. (2005). When high-powered people fail: Working memory and "choking under pressure" in math. Psychological Science, 16, 101-105.

· Beilock, S. L., Gunderson, E. A., Ramirez, G., & Levine, S. C. (2010). Female teachers' math anxiety affects girls' math achievement. Proceedings of the National Academy of Sciences, USA, 107(5), 1060-1063.

· Beilock, S.L. & Maloney, E.A. (2015). Math Anxiety: A Factor in Math Achievement Not to Be Ignored. Policy Insights from the Behavioral and Brain Sciences, 2(1), 4-12.

· Berkowitz, T., Schaeffer, M.W., Rozek, C.S., Maloney, E.A., Levine, S.C., & Beilock, S.L. (2016). Response to comment on "Math at home adds up to achievement in school." Science, 351(6278), 1161.

· Berlyne, D. E. (1966). Curiosity and exploration. Science, 153, 25-33.

· Bernstein, D.M., Atance, C., Loftus, G.R., & Meltzoff, A. (2004) We Saw It All Along: Visual Hindsight Bias in Children and Adults. Psychological Science, 15, 264-267.

· Bjork, R.A. (1994). Memory and metamemory considerations in the training of human beings. In J. Metcalfe & A. Shimamura (Eds.), Metacognition: Knowing about knowing (pp. 185–205). Cambridge, MA: MIT Press.

· Bransford, J. D., Franks, J. J., Morris, C. D., & Stein, B. S. (1979). Some general constraints on learning and memory research. In L. S. Cermak & F. I. M. Craik (Eds.), Levels of processing in human memory (pp. 331-354). Hillsdale, NJ: Erlbaum.

· Brown, A. L. (1978). Knowing when, where, and how to remember: A problem of metacognition. In R. Glaser (Ed.), Advances in instructional psychology, Vol. 1 (pp. 77–165). Hillsdale: Erlbaum.

· Carpenter, S. K., Wilford, M. M., Kornell, N., & Mullaney, K. M. (2013). Appearances can be deceiving: Instructor fluence increases perceptions of learning without increasing actual learning. Psychonomic Bulletin & Review, 20, 1350-1356.

· Chang, H., Sprute, L., Maloney, E.A., Beilock, S.L, & Berman, M.G. (2017). Simple arithmetic: Not so simple for highly math anxious individuals. Social cognitive and affective neuroscience, 12(12), 1940-1949.

· Chi, M. T. H., Feltovich, P. J., & Glaser, R. (1981). Categorization and representations of physics problems by experts and novices. Cognitive Science, 5, 121-152.

· Christian, B. (2011). The most human human: What talking with computers teachers us about being alive. New York, NY: Doubleday.

· Clance, P. R., & Imes, S. A. (1978). The imposter phenomenon in high achieving women: Dynamics and therapeuticintervention.psychotherapy: Theory, Research & Practice, 15(3), 241-247.

· Corkin S. (1984). Seminars in Neurology, 4, 249–259.

· Deci, E. L. & Ryan, R. M. (1991). Intrinsic motivation and self-determination in human behavior. In R. M. Steers & L. W. Porter (Eds.), Motivation and Work Behavior (5th ed., pp. 44-58). New York, NY, USA: McGraw-Hill.

· Dufresne, A., & Kobasigawa, A. (1989). Children's spontaneous allocation of studytime: Differential and sufficient aspects. Journal of Experimental Child-Psychology, 47, 274–296.

· Dunlosky, J., & Hertzog, C. (1998). Training programs to improve learning in later adulthood: Helping older adults educate them- selves. In D. J. Hacker, J. Dunlosky, & A. C. Graesser (Eds.), Metacognition in educational theory and practice (pp. 249- 276). Mahwah, NJ: Erlbaum.

· Dunlosky, J. & Metcalfe, J. (2009) Metacognition. Sage.

· Dunlosky, J., & Thiede, K. W. (2004). Causes and constraints of the shift-to-eas-ier-materials effect in the control of study. Memory & Cognition, 32, 779-788.

· Dweck, C. S. (1999). Self-theories: Their role in motivation, personality, and development. Philadelphia: Taylor and Francis/Psychology Press.

· Dweck, C. S., & Leggett, E. (1988). A social cognitive approach to motivation and personality. Psychological Review, 95, 256-273.

· Ekman, P. (1973). Cross-Cultural Studies of Facial Expression. In P. Ekman (Ed.), Darwin and Facial Expression: A Century of Research in Review (pp. 169-222). New York: Academic Press.

· Eisenberger, R. (1992). Learned industriousness. Psychological Review, 99, 248-267.

· Estes, W. K., & Burke, C. J. (1953). A theory of stimulus variability in learning. Psychological Review, 60, 276-286.

· Finn, B., & Metcalfe, J. (2007). The role of memory for past test in the under-confidence with practice effect. Journal of Experimental Psychology: Learning, Memory, and Cognition, 33, 238-244.

· Fischhoff, B. (1975). Hindsight ≠ Foresight: The effect of outcome knowledge on judgment under uncertainty. Journal of Experimental Psychology: Human Perception and Performance, 1, 288-99.

· Fischhoff, B., Slovic, P., & Lichtenstein, S. (1977). Knowing with certainty: The appropriateness of extreme confidence. Journal of Experimental Psychology: Human Perception and Performance, 3, 552-564.

· Flavell, J. (1976). Metacognitive aspects of problem solving. In L. Resnick (Ed.), The nature of intelligence (pp. 231-236). Hillsdale, NJ: Erlbaum.

· Flavell, J. H. (1979). Metacognition and cognitive monitoring: A new area of cognitive-developmental inquiry. American Psychologist, 34(10), 906-911.

· Frankfurt, H. G. (1986).On Bullshit. Princeton University Press.

· Fryer, R. G. (2010). Financial incentives and student achievement: Evidence from randomized trials. National Bureau of Economic Research (NBER) Working Paper 15898.

· Gilbert, D. T. (1998). Speeding with Ned: A personal view of the correspondence bias. In Darley, J. M.,& Cooper, J. Attribution and Social Interaction: The Legacy of E. E. Jones.Washington, DC: APA Press.

· Glover, J. A. (1989). The "testing" phenomenon: Not gone but nearly forgotten. Journal of Educational Psychology, 81, 392-399.

· Goodwin, D. W., Powell, B., Bremer, D., Hoine, H., & Stern, J. (1969). Alcohol and recall: State dependent effects in man. Science, 163, 1358-1360.

· Hacker, D. J., Dunlosky, J., & Graesser, A. C. (Eds.). (2009). Handbook of metacognition in education. Mahwah, NJ: Erlbaum/Taylor & Francis.

· Hart, J. T. (1965). Memory and the feeling of knowing experience. Journal of Educational Psychology, 56, 208-216.

· Hawkins, S.A., & Hastie, R. (1990). Hindsight: Biased Judgments of Past Events After the Outcomes Are Known. Psychological Bulletin, 107 (3), 311-327.

· Herts, J.B., & Beilock, S.L. (2017) From Janet T Spence's manifest anxiety scale to the present day: Exploring math anxiety and its relation to math achievement.Sex Roles, 77 (11-12), 718-724.

· James, W. (1890). The Principles of Psychology. New York: H. Holt and Company.

· Jones, E. E., & Harris, V. A. (1967). "The attribution of attitudes". Journal of Experimental Social Psychology. 3,1–24.

· Kang, S. K., McDermott, K. B., & Roediger, H. L. (2007). Test format and corrective feedback modify the effect of testing on long-term retention. European Journal of Cognitive Psychology, 19, 528-558.

· Kitayama, S., Markus, H. R., & Matsumoto, H. (1995). Culture, self, and emotion: A cultural perspective on "self-conscious" emotions. In J. P. Tangney & K. W. Fischer (Eds.), Self-conscious emotions: The psychology of shame, guilt, embarrassment, and pride (pp. 439-464). New York, NY, US: Guilford Press.

· Kitayama, S., Markus, H. R., Matsumoto, H., & Norasakkunkit, V. (1997). Individual and collective processes in the construction of the self: self-enhancement in the United States and self-criticism in Japan. Journal of Personality and Social Psychology, 72(6), 1245.

· Koriat, A. (2007). Metacognition and consciousness. In P. D. Zelazo,M. Moscovitch, & E. Thompson (Eds.), Cambridge handbook of consciousness(pp. 289-325). New York: Cambridge University Press.

· Koriat, A., Lichtenstein, S., & Fischhoff, B. (1980). Reasons for confidence. Journal of Experimental Psychology: Human Learning and Cognition, 6, 107–118.

· Kornell, N., & Metcalfe, J. (2006). Study efficacy and the region of proximal learning framework. Journal of Experimental Psychology: Learning, Memory, & Cognition, 32, 609-622.

· Kornell, N., & Rhodes, M. G. (2013). Feedback reduces the metacognitive benefit of tests. Journal of Experimental Psychology: Applied, 19, 1-13.

· Kornell, N., & Son, L. K. (2009). Learners' choices and beliefs about self-testing. Memory, 17, 493-501.

· Kornell, N., Son, L. K., & Terrace, H. (2007). Transfer of Metacognitive Skills and Hint Seeking in Monkeys. Psychological Science, 18, 64-71.

· Kretch K. S., & Adolph KE. (2013). No bridge too high: Infants decide whether to cross based on bridge width not drop-offheight. Developmental Science, 16, 336–351.

· Lilienfeld, S., Lynn, S. J., Ruscio, J., & Beyerstein, B. L. (2009). 50 Great Myths of Popular Psychology. Hoboken, NJ: Wiley-Blackwell.

· Mazzoni, G., Cornoldi, C., & Marchitelli, G. (1990). Do memorability ratings affect study time allocation? Memory & Cognition, 18, 196-204.

· Markus, H. R., & Kitayama, S. (1991). Culture and the self: Implications for cognition, emotion, and motivation. Psychological Review, 98(2), 224.

· Markus, H. R., & Kitayama, S. (2001). The cultural construction of self and emotion: Implications for social behavior. Emotions in social psychology: Essential reading, 119-137.

· Melton, A. W. (1970). The situation with respect to spacing of repetitions and memory. Journal of Verbal Learning and Verbal Behavior, 9, 596–606.

· Metcalfe J. (2002). Is study time allocated selectively to a region of proximal learning? Journal of Experimental Psychology: General, 131:349–363.

· Metcalfe, J. (2009). Metacognitive judgments and control of study. Current Directions in Psychological Science, 18, 159–163.
· Metcalfe, J. & Finn, B. (2008). Evidence that judgments of learning are causally related to study choice. Psychonomic Bulletin & Review, 15, 174-179.

· Metcalfe J., & Kornell N. (2003). The dynamics of learning and allocation of study time to a region of proximal learning. Journal of Experimental Psychology: General, 132, 530–542.

· Metcalfe, J., & Shimamura, A. (1994). Metacognition: Knowing about knowing. Cambridge, MA: MIT Press.

· Metcalfe, J., & Son, L. K. (2012). Anoetic, noetic, and autonoetic metacognition. In M. Beran, J. L. Brandl, J. Perner, and J. Proust (Eds.). Foundations of Metacognition (pp. 289-301). Oxford University Press.

· Mischel, W. (1974). Processes in delay of gratification. In L. Berkowitz (Ed.), Advances in experimental social psychology (Vol. 7). New York: Academic Press.

· Miele, D. B., Son, L. K., & Metcalfe, J. (2013). Children's naïve theories of intelligence influence their metacognitive judgments. Child Development, 84, 1879-1886.

· Morsella, E., & Krauss, R. M. (2004). The role of gestures in spatial working memory and speech. The American Journal of Psychology, 117, 411-424.

· Nelson, T. O, & Dunlosky, J. (1991). When people's judgments of learning (JOLs) are extremely accurate at predicting subsequent recall: The delayed-JOL effect. Psychological Science, 2, 267-270.

· Nelson, T. O., & Narens, L. (1990). Metamemory: A theoretical framework and some new findings. In G. H. Bower (Ed.), The psychology of learning and motivation (Vol. 26, pp. 125–173). San Diego, CA: Academic.

· Nelson, T. O., & Narens, L. (1994). Why investigate metacognition? In J. Metcalfe, & A. J. Shimamura (Eds.). Metacognition: Knowing about knowing.

Cambridge, MA: MIT Press.

· Nestojko, J. F., Bui, D. C., Kornell, N., & Bjork, E. L. (2014). Expecting to teach enhances learning and organization of knowledge in free recall of text passages. Memory & Cognition, 42, 1038-1048.

· Nisbett, R. E., & Wilson, T. D. (1977). Telling more than we can know: Verbal reports on mental processes. Psychological Review, 84, 231-259.

· O'Brien, L. T., & Crandall, C. S. (2003). Stereotype threat and arousal: Effects on women's math performance. Personality and Social Psychology Bulletin, 27, 782-789.

· Oskamp, S. (1965). Overconfidence in case-study judgments. Journal of Consulting Psychology, 29(3), 261-265.

· Park, J. (2006). Learning in a new computerized testing system. Journal of Educational Psychology, 97, 436-443.

· Pashler, H., McDaniel, M., Rohrer, D., & Bjork, R. (2009). Learning styles: Concepts and evidence. Psychological Science in the Public Interest, 9, 105–119.

· Pausanias, Description of Greece, Paus. 10.24.

· Penfield W., & Milner B. (1958). Memory deficit produced by bilateral lesions in the hippocampal zone. A.M.A. Archives of Neurology and Psychiatry, 79, 475–497.

· Plato, Sydenham, F., Taylor, T., Wyndham-Jones, G., & Addey, T. (2002). Know thyself: Plato's first Alcibiades and commentary. Frome, Somerset, UK: Prometheus Trust.

· Potts, R., Davies, G., & Shanks, D. R. (2018). The benefits of generating errors during learning: What is the locus of the effect? Journal of Experimental Psychology: Learning, Memory, & Cognition.

· Rauscher, F. H., Shaw, G. L., & Ky, K. N. (1993). Music and spatial task performance. Nature, 365, 611.

· Reder L. M. (1987). Strategy selection in question answering. Cognitive Psychology 19, 90–138.

· Reder, L. M. (1996). Implicit memory and metacognition. Mahwah, N.J.: Lawrence Erlbaum.

· Reder, L. M., & Ritter, F. (1992). What determines initial feeling of knowing? Familiarity with question terms, not with the answer. Journal of Experimental Psychology: Learning, Memory, and Cognition, 18, 435–451.

· Reder, L. M., & Schunn, C. D. (1996). Metacognition does not imply awareness: Strategy choice is governed by implicit learning and memory. In L. Reder (Ed.), Implicit memory and metacognition (pp. 45-78). Hillsdale, NJ: Erlbaum.

· Richardson, F. C., & Suinn, R. M. (1972). The Mathematics Anxiety Rating Scale. Journal of Counseling Psychology, 19, 551-554.

· Roediger, H.L. III., & Karpicke, J.D. (2006). The power of testing memory: Basic research and implications for educational practice. Perspectives on Psychological Science, 1, 181–210.

· Roediger, H. L., III, & Karpicke, J. D. (2006). Test-enhanced learning: Taking memory tests improves long-term retention. Psychological Science, 17, 249-255.

· Rohrer, D. (2009). The effects of spacing and mixing practice problems. Journal for Research in Mathematics Education, 40, 4-17.

· Rohrer, D., & Taylor, K. (2007). The shuffling of mathematics practice problems improves learning. Instructional Science, 35, 481-498.

· Rosch, E. (1978). Principles of categorization. In E. Rosch & B. B. Lloyd (Eds.), Cognition and Categorization, Hillsdale, NJ: Lawrence Erlbaum.

· Ross, L. (1977). "The intuitive psychologist and his shortcomings: Distortions in the attribution process". In L. Berkowitz (Ed.), Advances in experimental social psychology.New York: Academic Press. pp. 173–220.

· Rovee-Collier, C. (1999). The development of infant memory. Current Directions in Psychological Science, 8, 80-85.

· Schwartz, B. L., & Metcalfe, J. (1994). Methodological problems and pitfalls in the study of human metacognition. In J. Metcalfe & A. P. Shimamura (Eds.), Metacognition: Knowing about knowing (pp. 93-113). Cambridge, MA: MIT Press.

· Schwartz, B., Son, L. K., Kornell, N., & Finn, B. (2011). Four principles of memory: A guide to improving learning efficiency. International Journal of Creativity and Problem Solving, 21, 7-15.

· Scoville, W. B.,& Milner, B. J. (1957). Loss of recent memory after bilateral hippocampal lesions. Journal of Neurology, Neurosurgery, and Psychiatry, 20, 11–21.

· Senghas, A., & Coppola, M. (2001). Children creting language: How Nicaraguan Sign Language acquired a spatial grammar. Psychological Science, 12, 323-328.

· Shih, M., Pittinsky, T. L., & Trahan, A. (2006). Domain-specific effects of stereotypes on performance. Self and Identity, 5, 1-14.

· Siegler, R. S. (2007). Cognitive variability. Developmental Science, 10, 104-109.

· Singleton, J. L., & Newport, E. L. (2004). When learner surpass their models: The acquisition of American Sign Language from inconsistent input. Cognitive Psychology, 49, 370-407.

· Skinner, B. F. (1940). A method of maintaining an arbitrary degree of hunger. Journal of Comparative Psychology, 30, 139-145.

· Smith, J. D., Shields, W. E., Schull, J., & Washburn, D. A. (1997). The uncertain response in humans and animals. Cognition, 6, 75–97.

· Son, L. K. (2004). Spacing one's study: Evidence for a metacognitive control strategy. Journal of Experimental Psychology: Learning, Memory, and Cognition, 30, 601-604.

· Son, L. K. (2005). Metacognitive control: Children's short-term versus long-term study strategies. Journal of General Psychology, 132, 347-363.

· Son, L. K., & Kornell, N. (2005). Meta-confidence judgments in rhesus macaques: Explicit versus implicit mechanisms. In Terrace, H.S. & Metcalfe, J. (Eds.), The Missing Link in Cognition: Origins of Self-Knowing Consciousness. Oxford University Press.

· Son, L. K. & Kornell, N. (2008). Research on the allocation of study time: Key studies from 1890 to the present (and beyond). In J. Dunlosky& R. A. Bjork (Eds.), A handbook of memory and metamemory (pp. 333-351). Hillsdale, NJ: Psychology Press.

· Son, L. K. & Kornell, N. (2010). The virtues of ignorance. Behavioral Processes, 83, 207-212.

· Son, L. K., & Metcalfe, J. (2000). Metacognitive and control strategies in study-time allocation. Journal of Experimental Psychology: Learning, Memory, and Cognition, 26, 204-221.

· Son, L. K., & Metcalfe, J. (2005). Judgments of Learning: Evidence for a Two-Stage Model. Memory & Cognition,33, 1116-1129.

· Son, L. K., & Sethi, R. (2006). Metacognitive control and optimal learning. Cognitive Science, 30, 759-774.

· Son, L. K., & Sethi, R. (2010). Adaptive learning and the allocation of time. Adaptive Behavior, 18, 132-140.

· Son, L. K., & Simon, D. (2012). Distributed learning: Data, metacognition, and educational implications. Educational Psychology Review, 24, 379-399.

· Son, L. K., & Vandierendonck, A. (Guest Eds.) (2007). Bridging Cognitive

Science and Education: Learning, Memory, and Metacognition. Special Issue in the European Journal of Cognitive Psychology.

· Starcke, K., & Brand, M. (2012). Decision making under stress: A selective review. Neuroscience and Biobehavioral Reviews, 36, 1228-1248.

· Steele, C. M. (1997). A threat in the air: How stereotypes shape intellectual identity and performance. American Psychologist, 52, 613–629.

· Steen, L. A. (1987). Mathematics education: A predictor of scientific competitiveness. Science, 237, 251–302.

· Sussan, D., & Son, L. K. (2014). Breakdown in the metacognitive chain: Good intentions aren't enough in high school. Journal of Applied Memory and Cognition, 3, 230-238.

· Tamis-LeMonda, C. S., Adolph, K. E., Lobo, S. A., Karasik, L. B., Dimitroupoulou, K. D., & Ishak, S. (2008). When infants take mothers advice: 18-month olds integrate perceptual and social information for guiding motor action. Developmental Psychology, 44, 734-746.

· Terrace, H. S., & Son, L. K. (2009). Comparative metacognition. Current Opinion in Neurobiology, 19, 67-74.

· Thiede, K. W., & Dunlosky, J. (1999). Toward a general model of self- regulated study: An analysis of selection of items for study and self- paced study time. Journal of Experimental Psychology: Learning, Memory, and Cognition, 25, 1024–1037.

· Triz, F. & Psenka, C. (2003). Exploring the color of glass: Letters of recommendation for female and male medical faculty. Discourse & Society.

· Tulving, E., & Thompson, D. M. (1973). Encoding specificity and retrieval processes in episodic memory. Psychological Review, 80, 358-372.

· Valian, V. (1998) Why so Slow? The Advancement of Women. Cambridge, MA: MIT Press.

· Vash, C. L. (1989). The spacing effect: A case study in the failure to apply the results of psychological research. American Psychologist, 44, 1547.

· Vygotsky, L.S. (1962). Thought and language. Cambridge, MA: MIT Press.

· Wood, G. (1978). Theknew-it-all-along effect. Journal of Experimental Psychology: Learning, Memory, and Cognition, 24, 415-431.

· Yerkes, R. M., & Dodson, J. D. (1908). The relationship of strength of stimulus to rapidity of habit-formation. Journal of Comparative Neurology of Psychology, 18, 459-482.

· Zajonc, R. B. (1965). Social facilitation. Science, 149, 269-275.

· Zechmeister, E. B., & Shaughnessy, J. J. (1980). When you know that you know and when you think that you know but you don't. Bulletin of the Psychonomic Society, 15, 41–44.

KI신서 8232

메타인지 학습법
생각하는 부모가 생각하는 아이를 만든다

1판 1쇄 발행 2019년 6월 26일
1판 22쇄 발행 2024년 5월 22일

지은이 리사 손
펴낸이 김영곤
펴낸곳 (주)북이십일 21세기북스

인문기획팀장 양으녕   인문기획팀 이지연 정민기 서진교 노재은 김주현
디자인 elephantswimming
출판마케팅영업본부장 한충희
마케팅2팀 나은경 정유진 백다희 이민재
출판영업팀 최명열 김다운 김도연 권채영
제작팀 이영민 권경민

출판등록 2000년 5월 6일 제406-2003-061호
주소 (10881) 경기도 파주시 회동길 201(문발동)
대표전화 031-955-2100 팩스 031-955-2151 이메일 book21@book21.co.kr

(주)북이십일 경계를 허무는 콘텐츠 리더
21세기북스 채널에서 도서 정보와 다양한 영상자료, 이벤트를 만나세요!
페이스북 facebook.com/jiinpill21   **포스트** post.naver.com/21c_editors
인스타그램 instagram.com/jiinpill21   **홈페이지** www.book21.com
유튜브 www.youtube.com/book21pub

당신의 일상을 빛내줄 탐나는 탐구 생활 〈탐탐〉
21세기북스 채널에서 취미생활자들을 위한 유익한 정보를 만나보세요!

© 리사손, 2019
ISBN 978-89-509-8189-1 03370